Papel certificado por el Forest Stewardship Council®

MIXTO
Papel procedente de
fuentes responsables
FSC® C117695

Penguin
Random House
Grupo Editorial

Primera edición: abril de 2022

© 2022, Victoria Carolina Peña Martín
© 2022, Penguin Random House Grupo Editorial, S. A. U.
Travessera de Gràcia, 47-49. 08021 Barcelona
© 2022, Andonella, por las ilustraciones
Diseño de interior: Penguin Random House Grupo Editorial / Paola Timonet

Printed in Spain – Impreso en España

ISBN: 978-84-18915-06-2
Depósito legal: B-3.165-2022

Compuesto en Punktokomo, S. L.
Impreso en Rotativas de Estella, S.L.
Villatuerta (Navarra)

AL15062

OCEAN VICKY
MANUAL PARA LA VIDA Z
SPOILER: SOBREVIVIRÁS

Ilustraciones de Andonella

ALFAGUARA

Para mi madre, por inculcarme el amor por los libros.
Por fin he cumplido mi promesa de escribir uno.
Estés donde estés, espero que te guste.

ADVERTENCIA ANTES DE COMENZAR TU AVENTURA

A lo largo de este manual, se hará uso del **femenino genérico**. Con esto quiero decir que, al referirme a las lectoras (vosotras), haré uso del femenino, como acabas de ver. Mis **motivos** son muy sencillos: por supuesto, no puedo saber si este libro será leído por hombres, mujeres, personas agénero o caracoles alienígenas de una especie más inteligente que la nuestra. Mi primera idea fue redactarlo empleando la «e»: vosotres, elles, nosotres… No obstante, tras investigar un poco, descubrí que la «e» está reservada a las personas que no son ni femeninas ni masculinas, y no se puede usar para designar a todos los **géneros**.

> **Por eso me he decidido por el femenino genérico. Porque por mucho que esté ahora en modo escritora, yo soy creadora de contenido y, según mis estadísticas actuales, el 96 % de mi público son mujeres.**

Y también existe otro motivo: ya hay **incontables** libros que usan el masculino genérico. Si lo piensas, es bien sencillo: tienes una máquina que suelta bolas rojas en un cubo, pero de repente, te das cuenta de que prefieres tener un cubo con bolas rojas y azules a partes iguales. ¿Qué es más rápido para **alcanzar** este objetivo? ¿Hacer que la máquina empiece a soltar algunas bolas azules a la vez que suelta las rojas? ¿O hacer que la máquina solo suelte bolas azules hasta que en el cubo haya, efectivamente, bolas rojas y azules a partes iguales?

Un **ejemplo** más relacionado con la vida cotidiana: en España, durante muchos años, cuando nacía un bebé, se le ponía en primer lugar el **apellido** del padre. Ahora mismo esto no es obligatorio, pero si preguntas a cualquier persona lo más probable es que lleve el apellido de su padre. Justamente en mi caso llevo el de mi madre primero (era una mujer bastante **brava**, por decirlo de forma suave), pero entiendes a lo que me refiero. Si queremos que más o menos haya el mismo número de personas con el apellido de su padre que con el apellido de su madre, tendremos que poner a todos los niños y todas las niñas el apellido de su madre primero, al menos durante un tiempo, ¿no?

Como te he contado, existen **montones y montones** de libros, escritos a lo largo de toda la historia, que han usado el masculino genérico. La proporción de libros con femenino genérico es **tremendamente baja**, así que en lugar de crear otro libro que use masculino genérico, o que intente usar el «o/a», prefiero aportar algo a ese montoncito de libros que de momento es tan pequeño. Poner mi **granito** de arena.

Si no estás de acuerdo con esta idea, lo más seguro es que el resto de este manual tampoco sea para ti. Espero que hayas guardado el tique de **compra**, cariño. Y si no, a **Wallapop**.

LA POSADA
DESCRIPCIÓN
DEL PERSONAJE

Te doy la
bienvenida,
bienaventurada
heroína.

Lo que tienes ante ti es un manual para pasarte este complejo videojuego que es la **vida**. Puede que te hayas dado cuenta, puede que aún no (si es así, lo siento, la hostia va a estar chuli), pero a nosotras nos plantan en esto que llaman la vida y nos dicen **«venga, tira para delante»**. Una patada en el culo sería más delicada. Así que tú comienzas a caminar (qué remedio) hacia la única dirección que conoces: todo recto. Y al poco tiempo te das cuenta de que, joder, **todo recto** no se puede. Porque de repente se te plantan mil **obstáculos**, se te presentan doscientos **monstruos** y tienes que hacer la declaración de la renta. Pero bueno, eso ya es el nivel **máximo** de la vida, no vamos a meternos en temas tan profundos (sobre todo porque yo tampoco sé hacerla, así que poco te voy a ayudar).

Te explico cómo va a ir esta movida:

Como cada nivel de videojuego que se precie debe tener su **«malo final»** (ese monstruo que cuando eras pequeña controlabas cuando tus primos mayores te daban el mando desconectado de la consola), en cada capítulo de este libro nos enfrentaremos a uno de ellos. Son **bichos** feos y terroríficos que, de alguna manera, pretenden que **derrotes**. Tú, que solo te dedicas a la fontanería y no tenías nada que ver con el asunto.

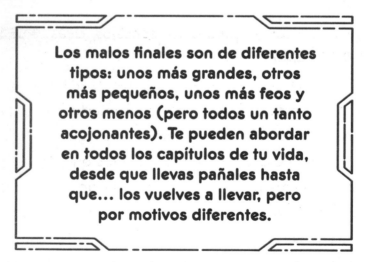

Los malos finales son de diferentes tipos: unos más grandes, otros más pequeños, unos más feos y otros menos (pero todos un tanto acojonantes). Te pueden abordar en todos los capítulos de tu vida, desde que llevas pañales hasta que... los vuelves a llevar, pero por motivos diferentes.

Cuando eres pequeño parecen más **manejables**, porque sueles tener ayuda de tu familia, profesores y amigos (y porque los problemas no suelen ir más allá de que han dejado de vender Bollicaos en la tienda de tu calle).

Pero una vez llegas a la adolescencia, los monstruos a los que te enfrentas son más y más terribles, y parece que el mundo te da una palmadita en la espalda y te dice «hala, apáñatelas, crack».

De aquí en adelante nuestro camino empieza a plagarse de problemas a los que, simplemente, no nos han enseñado a enfrentarnos.

Aquí es donde entro yo. Como pedir **ayuda** no solo no es malo sino que es necesario, he decidido escribir un libro lleno de ayuda. Aunque no me la has pedido. Pero bueno, por si acaso. Que te quiero mucho.

¿Y quién soy yo para darte consejos, dirás? **PUES LA PUTA AMA.**

No, ahora en serio. Soy simplemente una **pringada** con mala suerte, que se ha enfrentado a muchos monstruos feos y pustulosos en su camino. Muchas veces he conseguido derrotarlos en un mes, y otras veces me ha llevado años (aún sigo hoy en día forcejeando con algún bicho que se me ha quedado rezagado).

Lo que quiero decir es que no tengo la sabiduría absoluta, y a veces incluso parezco más tonta que una caja de lápices. Pero lo que sí tengo es mucha experiencia, mucho aprendizaje acumulado a base de pasar malas etapas, y muchas ganas de compartirlo contigo para ver si puedo ayudarte en algo.

Además, soy casi **psicóloga**. Para cuando leas esto quizá incluso me haya sacado el título (si no se me ha ido la olla y me he unido al Circo de Viena en vez de acabar el grado…).

Así que en cada capítulo y después de presentarte al **malo** malísimo que va a hacernos la vida imposible en ese nivel y a los maléficos esbirros con los que cuenta para ello, hablaremos de las **armas** y recursos que nosotras tenemos para enfrentarnos a ellos. Porque no todo es malo (y, de hecho, hay muchas cosas buenas, ya verás) y no estamos indefensas en este mundo del señor. Analizaremos también los **obstáculos** que nos encontraremos a la hora de darle caña al malo final e incluso habrá, en cada uno de los capítulos, un apartado de **bonificadores** superchulos que podemos ganar para hacernos todavía más poderosas de lo que ya somos. Con todo esto, finalizaremos con el modo de **batalla**; es decir, cómo enfrentarnos a estos bichos sufriendo lo mínimo posible en el proceso. Y de ahí, si nos lo pasamos, al siguiente nivel (o capítulo) de nuestra vida.

Dicho esto, creo que ha quedado claro el propósito del libro que tienes entre las manos. No es un libro al uso, es un manual. Algo así como el de las instrucciones del frigorífico, pero más útil y menos peñazo.

Paso a paso, nivel a nivel, te voy a transmitir todo el conocimiento que he podido recabar, las técnicas que he utilizado yo para superar cada *final boss*.

Tú, la protagonista del **videojuego**, eres una persona normal, y como el mundo, tienes tus cosillas: te salen granos, te rayas por una persona que no lo merece, discutes, te enfadas, te desenfadas, te enamoras, lloras y ríes. Puedes ser una persona bajita, alta, extrovertida, tímida, graciosilla, seria, estudiosa, distraída… Eso no importa ahora mismo.

Porque en este libro te vas a convertir en una **heroína**: codo con codo, aprenderemos a luchar contra todos los monstruos, seres malignos y criaturas tóxicas que puedan llegar a estorbarte.

Básicamente, te voy a enseñar a pasarte la vida, como ese streamer del Minecraft que te informaba amablemente sobre cómo construir el Taj Mahal cuadradito a cuadradito.

NIVEL 1
LAS AMIGAS
(O QUIENES PRETENDEN SERLO)

INTRODUCCIÓN

En este primer nivel nos vamos a enfrentar a algo con lo que todas nos hemos topado alguna vez: las **malas amigas** (recalco que estoy usando femenino genérico, así que incluyo aquí tanto a amigos como a amigas). La amistad es algo maravilloso, pero aquello que confundimos con amistad nos puede acabar dando una **patada** en el culo. Y, créeme, por experiencia propia, no es tan fácil diferenciarlo.

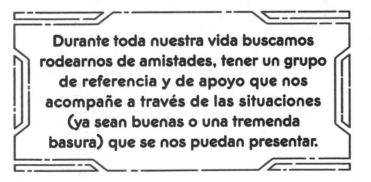

Durante toda nuestra vida buscamos rodearnos de amistades, tener un grupo de referencia y de apoyo que nos acompañe a través de las situaciones (ya sean buenas o una tremenda basura) que se nos puedan presentar.

Las amigas forman parte de nuestra identidad, de lo que somos, de lo que nos gusta y de lo que no. Y, a la vez que te influyen a ti, tú les influyes también. Por eso es tan importante escoger bien estas compañías, pues no solo van a estar a tu **lado** a lo largo de tu vida, sino que también te van a ayudar a **forjar** tu personalidad. Una amistad bien elegida te guiará hacia buenas decisiones (o lo que ella crea que son buenas decisiones, que también se puede equivocar; aunque lo importante es la intención, dicen por ahí) y te dará su **apoyo** para convertirte en la mejor versión de ti misma. Pero si escoges mal, puedes acabar en un círculo vicioso de lo más tóxico e, incluso, llegar a **perderte** como persona.

Y ahora me dirás «Pero, Vicky, ¿y cómo sé si es una amistad real o una amistad de mierda?». Es una muy buena pregunta, corazón de melón, pues a veces es difícil reconocerlo. Una amiga de mierda se esconde muy bien entre las amigas de verdad. Aquí te van algunos **consejitos** que a mí en su día me ayudaron a diferenciar las buenas amistades de… bueno, de las amistades de mierda:

Una amistad real hace que aquellos momentos buenos sean incluso mejores.

★ Una amistad de mierda coge un momento chulo y lo convierte en esa parte de la cena familiar cuando te preguntan por qué todavía no tienes pareja.

★ Si estás pasando por una mala etapa, es el momento perfecto para comprobar tus amistades. Si sigue ahí, dándote la mano para ayudarte a superarlo, tienes una amistad real. Si mágicamente desaparece durante esa época, entonces, adivina... ¡amistad de mierda!

★ Cuando estás con una amistad real sientes el impulso de ser mejor persona. Todas aquellas cosas que te frenan no parecen tan importantes, tienes más energía para hacerlas. Las amigas de mierda no hacen nada para impulsarte (a veces incluso te frenan más todavía).

★ Mucho cuidadito con las críticas constructivas: una amistad real te las hará, porque se preocupa por ti y quiere evitar que cometas errores de los que te puedas arrepentir. Las personas que fingen ser amistades te clavarán críticas por la cara, y encima se excusarán en que es «constructivo» y lo dicen «por tu bien». Pista: si es un comentario supergratuito que no te aporta nada ni te ayuda a mejorar, no es una crítica constructiva, es una crítica sin más. Y no necesitas esa negatividad en tu vida, corazón.

★ Las bromas son clave para diferenciar una amistad real de una de mierda: no me malinterpretes, yo hago humor bastísimo sobre todas mis desgracias, y mis amigas también. Pero eso no quita que yo tenga campos sobre los que no me hace ni media gracia que se bromee. En resumen: mis amigas gastan bromas sobre mis desgracias y no me parece mal que lo hagan. Pero si se toca un tema que me incomoda o que me hace daño, lo digo y siguen gastando bromas sobre ello... *Bye bye* de mi vida, *bitch*.

La **regla de oro**: tu amiga y tú estáis con un grupo de gente, y de repente ella empieza a bromear sobre ti. No tiene por qué significar nada, excepto si se pasa un límite: ¿sus bromas te están haciendo sentir ridícula? Pues... ya sabes, ¿no?

★ En una amistad de mierda, siempre que quedáis, es porque esa persona te ha llamado a ti, porque te necesitaba para cualquier cosa. Pero por casualidades de la vida (spoiler, no es por casualidades de la vida, es porque es una amistad de mierda), cuando tú la llamas o tú necesitas a esa persona, pasa de tu culo.

★ Si pone verde a todo el mundo con el que interacciona... Cielo, sé que puede parecer que tú eres la excepción, pero cuando el 80 % de la conversación que tiene una persona es criticar a los demás, seguramente tú entres en su amable charla de vez en cuando. *I'm sorry, babe.*

★ Una amiga de mierda solo decide sacarse la cabeza de su propio culo para escuchar un problema tuyo si detecta que puede difundir ese secreto como si de una enfermedad infecciosa se tratase. Para comprobarlo, puedes contarle algo jugosón (que sea mentira, claro). Si a los cinco minutos lo sabe hasta Manoli, la vecina del quinto, entonces está claro: «Houston, tenemos un problema».

★ Cuando has de justificar ante los demás por qué sigues manteniendo contacto con una persona, es probable que realmente no exista una razón válida y que debas alejarte de ella. Muchas veces, si no sacamos a personas tóxicas de nuestra vida, es por un autoengaño del que no nos damos ni cuenta.

ESBIRROS Y MALEFICIOS

Ahora nos quedamos con la duda de cómo puede ser que mantengamos en nuestra vida a una persona que nos hace **daño** y nos aporta -5 de cosas buenas. Y es que las amistades de mierda tienen sus estrategias para mantenerte a su lado (si no las tuvieran, se habrían quedado solas hace tiempo). Son maestros y maestras del ocultismo y las **artes oscuras**, y consiguen algo excepcional: tratarte mal sin que te pispes. Y, encima, que parezcas tú la mala persona cuando discutís.

Como todo ser maligno, por muy pérfida que sea, no puede hacer todo el trabajo sucio sola, así que se rodea de **esbirros** y desarrolla diversas habilidades para poder **putearte**:

⭐ *Baja autoestima: tu maravillosa «amistad» usará mucho este esbirro. Es una pequeña criatura que, sin darte cuenta, se te sube a la cabeza y te absorbe la energía. Si no la eliminas a tiempo, te puede acabar convenciendo de que no te mereces una amistad mejor de la que tienes, y te quedarás al lado de esa amiga, te trate como te trate.*

⭐ *Bondad tóxica: este esbirro es esencial para nuestro enemigo, porque le ayuda a que confundas el ser amable con aguantar cosas que no deberías. Está genial que quieras cuidar de los tuyos, pero cuando de buena eres tonta..., tu corazón de oro se convierte en un esbirro de la amistad de mierda.*

⭐ *Culpabilidad: esta criatura es tremendamente peligrosa. Tu «amistad» te la lanzará de forma totalmente aleatoria cuando te haya hecho daño y no vea otra escapatoria a sus actos. Este esbirro es capaz de darle la vuelta a la tortilla en todas las situaciones: por acto de brujería, resulta que todo es tu culpa, en todas las discusiones acabas teniendo que pedir perdón tú. Es que eres un poco torpe con las cosas y siempre, siempre, siempre, la cagas, ¿verdad? (Pista: no).*

★ *Tradición: este ente proviene de la más antigua mitología: es un ser anciano cuyo ataque consiste en ser una muy pesada carga de la que parece que no te puedes librar. Este esbirro es completamente inútil e insignificante, pero su poder está en convencerte de lo contrario. Algunas frases que son señales de que has sido atacada por él: «es que llevo tanto tiempo con esa persona... no me puedo alejar ahora», «es que es la amistad más cercana que tengo, no voy a encontrar a otra persona con la que coja tanta confianza». El miedo a abandonar tu zona de confort, la frase de «es mejor lo malo conocido que lo bueno por conocer», puede ser un aliado fatal de esa amiguita maravillosa. Tienes la sensación de que si te alejas de esa persona te vas a quedar sola, que no serás capaz de hacer nuevas amistades profundas y de que no vas a encontrar nada mejor.*

★ *Invisibilidad: este no es un esbirro, sino un poder de las amigas de mierda. Y no cualquier poder, su arma más importante: que no te des ni cuenta de que lo son. Son maestras del ocultismo y se metamorfosearán para parecer una amistad bella y significativa. Engañan al ojo humano con facilidad, pero con las herramientas y el entrenamiento adecuado se las puede desenmascarar.*

ARMAS Y HABILIDADES PARA LA BATALLA

No te desesperes, querida lectora. Sé que después de ver todos los esbirros y las habilidades que posee nuestro **final boss**, esa amistad de mierda parece imposible de afrontar. Pero estoy aquí para socorrerte: en esta parte del manual, aprenderás qué **armas** existen en contra de este enemigo y cómo puedes obtenerlas. El camino para afrontar una amistad tóxica cuenta con **herramientas** para ti también. Son esa espada que vas a alzar contra el monstruo, esa ballesta para ensartarle una flecha o quizá, incluso, esa chancla que tu madre usaba cuando veía que no habías descongelado el pollo (la más mortífera de todas).

★ *Reconocimiento: esta primera arma es básica para comenzar tu batalla. Como te he contado, una de las habilidades de tu amiga de mierda es engañarte, convencerte de que la enemiga eres tú y no ella. Se mimetizan y metamorfosean para convertirse en una ilusión de amistad que, a pesar de lo que pueda parecer, es más falsa que las polémicas de TikTok de Naim Darrechi. Y, claro, si no consigues darte cuenta de que esa persona es una amistad de mierda, ¿cómo vas a enfrentarte a ella?*

Ya te he dado antes algunas pistas de lo que es una amiga tóxica: básicamente, te usa de basurero emocional, pero luego no escucha tus emociones ni tus problemas (o no se preocupa en ayudarte con ellos); te juzga en lugar de motivarte o apoyarte; cuando sí te escucha resulta que aquello que le cuentas pasa a ser de conocimiento público; no te gusta la versión de ti misma que eres cuando estáis juntas; pone verde a todo quisqui; solo está a tu lado en los buenos momentos; pasa de ti cuando le propones quedar, solo quedáis cuando le da la gana; gasta bromas sobre cosas que te duelen y no deja de hacerlo aunque se lo pidas; y has pasado una buena parte de tu tiempo intentando explicar a los demás por qué no le has metido una patada todavía.

Con estas claves, te estoy dando tu habilidad más importante. De aquí en adelante ya puedes dar tu primer paso para enfrentarte al *final boss*: reconocerle como tal.

★ Límites: no podemos quedarnos simplemente en identificar a estos seres terribles, corazón de melón, tenemos que ser capaces de plantarles cara. Por mucho que sepas que esa persona te hace daño, si permites que siga ejerciendo su perversa actividad, vas a seguir tragando mucha negatividad. Por eso es esencial que tomes conciencia de tus límites, de qué vas a permitirle a las personas de tu alrededor y qué no.

> **Darlo todo por las demás es una característica maravillosa de la personalidad, pero nunca debes dar tanto que te quedes vacía.**

El ayudar y mantenerte al lado de tus seres queridos tiene que ser solo mientras veas que no te haces daño y que no te faltas al respeto como persona.

Por ejemplo, algo que no superaría los límites: tu amistad gasta una broma sobre ti, le informas amablemente de que no te ha hecho ni pizca de gracia y no vuelve a vacilarte con eso. Algo que sí supera los límites: esa misma amistad, tras recibir esa amable información, decide que se la suda olímpicamente y te sigue picando. En ese caso, el procedimiento es simple: le vuelves a informar con amabilidad de que, por ti, puede irse a tomar por culo. Una vez te autoexploras a nivel psicológico y te conoces en profundidad, es esencial que identifiques cuáles son tus límites, qué te hace daño y qué no, y qué comportamientos son aceptables. El siguiente paso es hacer que las demás respeten esos límites, y para ello necesitas el arma que te proporciono a continuación.

⭐ *Quedabienismo: muchas veces tendemos a dejar que nos pisoteen por el simple hecho de evitar la confrontación, por no hacer daño a las demás y, en suma, por el «quedabienismo». El afán por estar siempre en el lado bueno de las personas puede ser útil en cierto sentido, sí, pero llevado al extremo nos conduce a dejar de respetar esos límites de los que hablábamos. A veces debemos enfrentarnos a nosotras mismas, a ese miedo a los conflictos, y plantarles cara a las personas que nos hacen daño. Esta arma nos permite no solo hacernos respetar, sino también alejarnos de las ratillas que dicen ser nuestras amistades.*

⭐ *Resistencia emocional: esta arma te va a ser esencial, querida. Una amistad de mierda, cuando ve que han destapado su identidad, se pone muy a la defensiva. Las manipulaciones, culpabilizaciones y justificaciones sin sentido estarán a la orden del día. Intentará hacerte sentir mal por alejarte, convencerte de que todo ese daño que te hace está en tu cabeza y girarlo todo en tu contra. Por eso, debes armarte de valor y de aguante: tú has identificado correctamente la amistad tóxica, has establecido tus límites y has tomado la decisión de que esa persona está mejor lejos de ti. Pero para que toda esa lucha te sirva, has de llegar hasta el final, usar tu entrenamiento y tus armas para plantarle cara al final boss y no flaquear hasta que no deje de dañarte su presencia.*

OBSTÁCULOS EN EL CAMINO

Para llegar a usar tus armas contra el jefe final y sus esbirros, primero debes emprender el camino que te lleva hasta la **batalla**. Y este camino tampoco es un paseo por el campo. Llegar al punto en el que estés preparada para enfrentarte a una amistad de mierda requiere **resistencia**, motivación y disciplina. Es una carrera de fondo en la que, a veces, perderás de vista el objetivo final y puede que pienses en abandonar porque no le veas el sentido.

★ *El grupito: puede ser que esa amistad tóxica forme parte de tu grupo de amigas y, claro, da miedo iniciar un alejamiento, por si eso perjudica al resto. Pero aquí nos estamos dejando un detalle muy importante: si tu grupo está al tanto de cómo te trata y cómo te hace sentir esa «amistad», deberían hacer algo al respecto. Cabe decir, y esto es MUY IMPORTANTE, que puede ser que no sean conscientes de la situación o que no se den cuenta de que lo pasas mal. Recuerda que la gente no es adivina, y para construir relaciones sanas hace falta comunicación abierta, fluida y sincera.*

Si ya has expresado cómo te sientes y no hacen nada: ahí está el problema, my friend. No me vale el argumento de «a mí esa persona no me ha hecho nada». Cuando se está dando una situación injusta donde una persona trata mal a otra, si no ayudas a la otra, estás del lado de la una. Tal vez te convenga simplemente alejarte de esas personas, porque alguien que no te defiende sabiendo que te están haciendo mal, no te va a aportar nada útil en ningún otro ámbito tampoco. Y, como hemos dicho, nuestras amigas nos forman como personas: no nos interesa rodearnos de gente con estos valores, porque acabaremos normalizando conductas de mierda.

★ *El miedo al conflicto: los enfrentamientos dan miedito. Créeme, soy la más cagada de España a la hora de iniciarlos. Y de mantenerlos. Y de todo el proceso en general. Pero según vas avanzando por la vida, te acabas dando cuenta de que a veces es necesario montar un pollo para que no te pisoteen. Lo ideal, evidentemente, sería no tener que recurrir a ello y que con un mero discurso* (incluso una frase) se solucionase el tema. Pero, claro, no suele funcionar así cuando le explicas a una amistad de mierda que lo es.

Este obstáculo se puede sortear de varias maneras: lo primero que vas a tener que hacer es armarte de valor, y entender que es necesario un mínimo de discusión si quieres derrotar al jefe final. Es normal sentir nervios, pero una vez empieza la batalla, la adrenalina toma las riendas y todo sale rodado. Hay que decir, no obstante, que a veces la adrenalina toma *demasiado* las riendas. Ante esto, ten cuidado con dos puntos: decir cosas de las que luego te arrepientas, por enfado o frustración, y/o no decir todo lo que querías decir y que se te queden asuntos en el tintero. Ten presente que, por mucho daño que te haya hecho una amistad de mierda, lo que te diferencia de esa persona es que tú no estás dispuesta a hacerle eso a las demás. Por último, algo que me ayudó en su momento a librar esta pelea con la amistad de mierda es hacerme un esquema, una estrategia para la batalla, una técnica magistral de lucha (un pósit roñoso con los temas generales que no quería que se me olvidase comentar, vaya).

⭐   **La soledad:** este es, tal vez, el obstáculo más temible de todos. El miedo a quedarse sola, a no encontrar otra persona con la que forjar una relación. Cuando mantenemos una amistad de mierda, como ya te he contado, uno de sus poderes es cambiar tu percepción. Consigue que no te des siquiera cuenta de cómo te está tratando, o que te pienses que ese tipo de relación es lo normal. Esto acaba resultando en un autoengaño por tu parte: «Lo dice en broma, es que soy demasiado sensible», «tiene razón, esto que he conseguido tampoco es para tanto», «no es que me trate mal, si en verdad ha sido culpa mía»... Y muchas veces todo esto tiene raíz en el miedo que tenemos a perder a esa persona y quedarnos sin nadie.

Realmente establecer una amistad supone crear una zona de confort con ese alguien, y el confort es algo que nos atrae a los seres humanos, nos gusta. Nos gusta tanto que a veces estamos dispuestas a intercambiar el confort por el bienestar. Es ese gusto por la comodidad lo que llevaba a los campesinos a no rebelarse contra su injusto señor feudal, lo que hace que una mujer de cuarenta años se quede en un trabajo que la hace infeliz, lo que frena a muchas personas a la hora de viajar y conocer mundo. La comodidad y el confort están bien, no lo niego: pero a veces tenemos que evaluar la situación, pensar de forma profunda y reflexiva si nos renta de verdad quedarnos en un lugar solo porque lo conocemos.

Respecto a la soledad, te voy a dar una mala noticia: hay momentos en la vida en los que vamos a tener menos gente a nuestro lado. Por unas cosas o por otras, las relaciones vienen y van. Pero te recuerdo que, aunque realmente tengas un momento de soledad absoluta tras librar esa batalla contra el *final boss* (que también te digo, lo dudo, pero todo puede ser), nada dura para siempre. Conocerás a otra chica en tu equipo de natación que te caiga brutal, encontrarás un tío en Twitter que le ha dado retuit al mismo meme que tú, te caerás en el transporte público y un grupo de gente te ayudará a levantarte sin reírse de ti (o riéndose un poquito, pero en plan amable).

El tema es que no sé si te vas a quedar sola si cortas a esta amistad tóxica y la alejas de tu vida. Pero si es así, tienes que ser fuerte y recordarte a ti misma por qué lo has hecho. La negatividad que te habrás quitado de encima será increíble, y si el precio más alto a pagar por ello es un ratillo de soledad, créeme, te sale a cuenta. Ponte como ejemplo el estado de alarma durante la pandemia: cuando estamos pasando por un momento duro, se nos hace eterno. ¿Quién de nosotras no se desesperó durante esos tres meses encerradas? Pero una vez se ha superado, miras atrás y te parece mucho más pequeñito.

Hay veces en la vida en las que tenemos que dejar ir, para poder dar la bienvenida a aquello que nos merecemos de verdad. Las etapas de transición entre dejar ir y dar la bienvenida son raras y dan miedo, pero siempre, siempre, siempre, merecen la pena.

BONIFICADORES · BADASSNESS

Ya estamos próximas a la lucha final. Hasta ahora, hemos aprendido todo sobre nuestro enemigo (los conjuros y las habilidades que utiliza) y sus esbirros. Pero también hemos aprendido a **plantar cara** a cada una de estas cosas, sabemos de qué armas disponemos y cómo usarlas. Antes de comenzar la batalla, querida heroína, hemos de tener en cuenta que determinadas acciones, pensamientos y sentimientos pueden darnos un **impulso** o suponernos un peso a la hora de pelear. Aunque hemos adquirido las habilidades y las armas, estas todavía pueden ser potenciadas (o todo lo contrario). Los **bonificadores** de los que disponemos son:

+10 en **ataque** por decirle que su comentario está fuera de lugar.

+20 en **ataque** por informarle amablemente de que su opinión dañina te importa más o menos lo mismo que la mierda que echó tu pez esta mañana.

−10 en **defensa** por reírte de una broma suya para quedar bien, cuando realmente te ha hecho daño.

−20 en **defensa** por contarle un problema íntimo.

+5 en **energía** por al menos pensar que es una amistad de mierda (aunque no se lo digas).

+15 en **energía** por realmente decírselo (bebé, estoy SUPERORGULLOSA. Sigue así, te va a ir genial; un besazo).

−10 en **energía** por aguantar un monólogo kilométrico de tu amistad de mierda, que esa amistad no escucharía de ti.

−5 en **madurez** por hacer un hechizo de Instagram para que tenga mala suerte.

+10 en **madurez** por expresarte con un tono de voz normal mientras ella se pone modo Super Saiyan.

Tras el largo camino recorrido, por fin ha llegado el gran momento. Hasta aquí, hemos aprendido a desenmascarar al monstruo al que nos enfrentamos, los esbirros de los que se sirve y las habilidades que usará contra ti. Nos hemos armado y nos hemos entrenado a fondo: ahora solo queda reunir el **valor** y la determinación necesarios para el enfrentamiento.

El enemigo está en la cima de esa colina que tienes delante. Más que una colina es una puñetera montaña que podría hacerle sombra al mismísimo **Everest** (¿sigue siendo el pico más alto o es solo el que usamos como si fuera el pico más alto? Da igual, me entiendes) y te pones bizca solo de mirar hacia arriba para intentar alcanzarlo con la vista.

En la falda de la montaña, distingues tres **senderos**, con tres carteles diferentes. En el primero pone «Ruta neutral», en el segundo «Ruta genocida» y en el tercero puedes leer «Ruta pacífica».

En este momento, es como si tres versiones de ti se despegaran de tu cuerpo. No te asustes, son como realidades **alternativas**, puedes elegir la que quieras que se haga realidad.

La primera de ti se decide por subir la montaña siguiendo la **Ruta neutral**. Ten en cuenta que esta es la que menos enfrentamiento te supondrá, pues consiste simplemente en **alejarse** de esa persona. Pasar de subir la montaña y volverte a tu casa a ver Netflix y a jugar con tu gato/perro/pez/Tamagotchi/hermano menor/mascota de referencia. El sendero da media vuelta y te vuelves por donde has venido. Como cita el sabio refranero español (olé, olé): «El mejor desprecio es no hacer aprecio». Vamos, que **pases de su culo** como si fueran las lecturas complementarias que tu profe te ofrece para prepararte un examen. En esta ruta se aconseja simplemente entrenarse en el arte de reconocer al jefe final y a sus esbirros. Una vez los tengas localizados, tu trabajo consistirá en esquivarlos con maestría para que sus ataques no lleguen a hacerte daño. De esta forma, en ningún momento deberás emplear las armas y habilidades que has recabado durante este nivel. Tendrás un enfrentamiento limpio y tranquilo. He de remarcar que esta ruta es dudosa a nivel de **responsabilidad emocional**, porque eso de alejarse sin decir palabra no es lo más guay que puedes hacerle a una persona. Existe una variante alternativa a esta ruta, que implica un mínimo de uso de tus armas y habilidades. Consiste en que, si te pide una explicación (que lo hará), le obsequies con una frase sencilla pero directa. Por ejemplo:

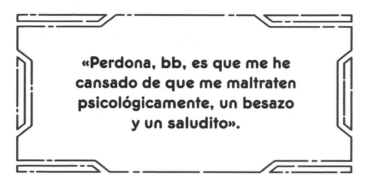

«Perdona, bb, es que me he cansado de que me maltraten psicológicamente, un besazo y un saludito».

Como he dicho, esta ruta se ciñe a esas heroínas que simplemente no tienen ganas de aguantar a nadie y desean reducir la confrontación a un mínimo manejable.

Una segunda versión de ti se desprende de tu cuerpo, observa las tres opciones de las que dispone y decide que ese día se ha despertado **guerrera**, que tiene ganas de patear culos y que ya está hasta el coño de todo. Esa personita alternativa se acerca dando grandes zancadas a la **Ruta genocida**. Si la anterior es dudosa en cuanto a responsabilidad emocional, con esta puedes quedarte tranquila, no existe ninguna duda. Implica un total de 0 unidades de responsabilidad emocional. Como suelen decir nuestros compañeros estadounidenses: «*You woke up and chose violence*» (te levantaste esta mañana y escogiste la violencia). Pero en la vida hay veces en las que una persona te toca tanto la moral que no queda otra.

Esta es la ruta que debes elegir en estos dos casos:

- La ruta neutral y la ruta neutral alternativa no han dado resultado, y el jefe final continúa turbando tu paz y relajación.

- Tienes unas ganas tremendas de arrancarle todos los pelos de la cabeza, pero preferirías no acabar en comisaría.

Este camino implica no solo emplear tus armas, sino **copiar** las de tu oponente y usarlas en su contra. Implica que te ensucies las manos y te **rebajes** a su nivel. Es la ruta que más satisfacción proporciona nada más terminar la lucha, y desde luego te garantiza una neutralización total de la amistad de mierda (al menos en ese momento). Se basa en devolverle todo el **daño** que te ha hecho en todo el tiempo que lleváis teniendo contacto. Conquistar la cima y patear al monstruo con saña.

¿Cómo se hace eso? En realidad, el planteamiento es más sencillo de lo que crees. ¿Sabes todos esos escenarios en los que te has imaginado yendo a esa amistad de mierda, plantándote delante y soltándole cuatro cosas que, aunque ciertas, le hundan en la miseria más absoluta y le dejen para el arrastre delante de todo el instituto? (O de la universidad, o del curro… realmente da un poco lo mismo). Pues… básicamente sería coger y hacerlo. Con todo tu coño. Soltarlo todo y quedarte vacía de todos esos pensamientos porque los habrías hecho realidad.

No obstante, ¿a qué precio?, ¿realmente quieres **convertirte en tu enemigo**? Es *pa'* reflexionar, la verdad.

Además, esta ruta lleva consigo dos efectos adversos: por un lado, tras un plazo de tiempo medio/largo, es muy probable que experimentes sensaciones de **culpabilidad** y arrepentimiento. Al fin y al cabo, por lo que ya te conozco, eres buena gente. Eres panita. Y aunque todas tenemos nuestros momentos de víbora carnívora, en el fondo somos pedacitos de pan. Por el otro, esta batalla tan extrema puede acabar provocando heridas fatales en la *final boss*, y esto en algunos casos acabará con ellas, sí, pero en otros puede hacerlas más fuertes. Y créeme, cuando se recuperen, buscarán **venganza**. E igual la ruta genocida te la llevas tú. *Cuidao*.

Por último, respiras hondo y una tercera y última versión de ti, una un poco más etérea que la original, decide optar por caminar por la **Ruta pacífica**. Si estás leyendo este párrafo significa que he logrado convencerte de que existen otras opciones, otros caminos más allá de insultar a la amiga de mierda hasta que llore, lo cual está chuli (para que no me cancelen totalmente, me metan a la cárcel, etc.). Esta ruta es para aquellas que siguen teniendo energía para una confrontación directa y prolongada, y que han logrado contener la rabia acumulada tras tanto tiempo de aguantar a esa «amistad».

En este caso, vamos a ceñirnos a nuestras habilidades y armas. No obstante, para no recurrir ni a la evitación del enemigo ni a la imitación de sus armas, debemos haber reforzado y entrenado enormemente las nuestras.

El **reconocimiento** de los esbirros y los hechizos de manipulación debe ser perfecto: verlos venir es fundamental para vencer. La **culpabilidad**, el ataque estrella de las amigas tóxicas, no genera un peso a la hora de luchar si sabemos ver el poco sentido que tiene. La **tradición** simplemente no puede atacar si nos damos cuenta de la escasa importancia que tiene a la hora de decidir si mantenemos una relación con una persona.

La **autoestima** ha de reforzarse especialmente: es lo que nos dará **resistencia** durante este duro enfrentamiento, pues nos recordará que lo llevamos a cabo porque nos merecemos algo mucho mejor.

Por último, es importantísimo que no te frene el miedo a hacer daño, y ten presente esta frase: «es nuestra responsabilidad cómo decimos las cosas, pero no cómo le sientan a la otra persona». Tú tienes algo que decir, unos límites que defender: en esta ruta, trataremos de decirlo de la forma más **asertiva** y respetuosa posible. Lo más probable es que la *final boss* no se lo tome bien de ninguna de las maneras, y se sienta tremendamente atacada y ofendida. Pero tu conciencia se quedará tranquila y, lo que es más importante, no te estarás dejando pisotear.

La forma de ejecutar este modo de batalla con éxito es, en primer lugar, aproximarse al enemigo, de una forma cautelosa pero decidida. Subir la montaña con paciencia, pero sin pausa, esquivando obstáculos, venciendo esbirros. Cuando llegues a la cima le comunicas que quieres iniciar un **duelo** (que quieres hablar, vaya. Puntos extra si le dices la fatídica frase «tenemos que hablar»). Una vez el jefe final ha aceptado el duelo, el siguiente paso es coger todo el aire que tu capacidad pulmonar te permita, y soltarle todas esas ideas y pensamientos que tanto tiempo llevas repasando. Asegúrate de que tus armas sean certeras y efectivas, y úsalas en su justa medida. Es decir, debes utilizar **argumentos** concisos y sencillos, ir al grano y no dejarte nada en el tintero. Recuerda que ser directa no tiene por qué significar ser irrespetuosa, mide tus palabras con cuidado.

Esta ruta es la que te lleva a la batalla más cansada y difícil, pero también es la que más **recompensas** proporciona de cara al futuro. Por un lado, tú te quedas con la tranquilidad de haber hecho las cosas bien.

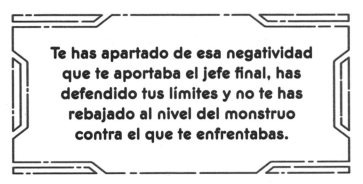

Te has apartado de esa negatividad que te aportaba el jefe final, has defendido tus límites y no te has rebajado al nivel del monstruo contra el que te enfrentabas.

Por otro lado, la amiga de mierda no será capaz de buscar revancha: en el fondo, es consciente de que tienes razón, aunque no lo admita. Y quién sabe, tal vez este enfrentamiento le haga **reflexionar** y trabajar en sí misma en un futuro. Tal vez, solo tal vez, consiga dejar de ser un deshecho social.

Y aquí finalizaría tu aventura, querida heroína. Al menos, en este nivel. Salgas o no victoriosa de la batalla, recuerda que esto es un videojuego: siempre puedes volver a **intentarlo**, hasta que consigas el resultado que deseas. La única diferencia es que, en este caso, en lugar de perder vidas, las ganas, porque con cada intento te vuelves más fuerte, evolucionas y **aprendes**. Más allá de que ganes o no, deberías estar orgullosa de ti: solo el plantearte alejarte de una fuente de toxicidad ya cuenta para algo. Tómate el tiempo que necesites: sé que enfrentarse a una amiga, por muy de mierda que sea, no es nada fácil. Y cuanto más tiempo llevas con ella, más difícil es. El llegar a ese punto implica sortear muchos obstáculos, armarse de valor, fortalecer tu **autoestima**, establecer tus límites y, sobre todo, mentalizarte profundamente. Pero aunque ahora no estés preparada, lo estarás. No sé si esta semana, la semana que viene, el mes que viene o el año que viene. Pero lo estarás.

Confía en ti misma. Yo ya lo hago.

Y mucha suerte en tu aventura.

NIVEL 2

LA FAMILIA, ESOS SERES EXTRAÑOS

INTRODUCCIÓN

Acabamos de aterrizar en un terreno, cuando menos, pantanoso (por decirlo suavemente). Las familias son **complejas**, eso lo saben hasta los mayas. A veces te hacen la vida imposible porque creen que es lo mejor para ti, otras porque no se dan ni cuenta y, en contadas ocasiones, porque simplemente son malas personas. En este nivel has de prepararte para hacer frente a los retos del anterior, añadiéndoles nuevas dificultades. Por poner un ejemplo: en el nivel 1, una opción muy recomendable consiste en mandar a tomar por culo al jefe final y dejar de aguantar sus tonterías. El gran **hándicap** con el que nos encontramos ahora es que, a menos que tengas ya los dieciocho años y hayas hecho un pacto con el diablo (porque, si no, es imposible que tengas dinero suficiente para independizarte), cortar el contacto no es viable. En este caso y como es probable que te hayas dado cuenta ya, la familia no se elige.

A eso se le añade el hecho de que no solo te enfrentarás a un jefe final, sino que habrás de lidiar con varios, de distintos tamaños y habilidades. Está tu tío Paco, una **criatura gruñona** que te muerde los tobillos a cada paso que das con ataques como: «Con esa personalidad, nadie te va a querer», «Uy, se te van notando las comilonas de Navidad» y, mi favorito, «Ni machismo ni feminismo, igualdad» (aviso importante: darle una patada, por tentador que parezca, no es adecuado, así que vamos a intentar evitarlo). Tu abuela Manolita que, pese a que tiene buenas intenciones, se ha criado en un mundo completamente **diferente** al tuyo y hay cosas que no puede entender. Tu primito pequeño, cuya única interacción contigo es darte la tabarra para ver si tienes juegos en el móvil. Y, por supuesto, tus padres, que pueden ser tu mayor apoyo o tu mayor grano en el culo. O ambas cosas a la vez.

> **La cuestión es que las criaturas de este nivel son tremendamente variadas, y cambian según la heroína que se enfrente a ellas.**

Dependiendo de la persona, pueden resultar ser amigables, presentar un poco de batalla (pero luego ceder) o acabar siendo el mayor enemigo que te puedas imaginar.

A veces, es difícil evaluar a tu familia de forma objetiva. Las **discusiones** familiares son completamente normales: al final, convives con estas personas 24/7, y es imposible que estéis de acuerdo y opinéis igual en todo (sobre todo porque, en muchas ocasiones, existe una brecha generacional grande). Algunas veces no soportamos a nuestra familia por el simple hecho de que **convivimos** con ella día a día, y eso hace que determinadas emociones negativas estén a flor de piel y que los defectos de las personas se incrementen y parezcan más de lo que son. Además, aún a riesgo de sonar *boomer*, la adolescencia y las **hormonas** te hacen odiar todo y a todas, a veces sin mucho motivo, y eso también puede influir (créeme, he pasado por ello hace nada, y me sigue sucediendo de vez en cuando). Por eso es importante que sepamos diferenciar los efectos de la brecha generacional, las hormonas y la convivencia (aunque sean asuntos menos graves, también aprenderemos a lidiar con ellos en este nivel) de una familia realmente tóxica. Para guiarte un poco, te voy a enumerar algunas **red flags** (banderas rojas, señales de que una cosa o persona es tóxica y hay que evitarla) que tienen las familias y que te pueden indicar que la tuya está dañando tu salud mental:

⭐ *Algo común en este tipo de familias es que **se ignoran tus logros**, no se te refuerza cuando haces algo positivo. La respuesta cuando consigues algo suele ser decirte que esa es tu responsabilidad, que podrías haberlo hecho mejor, o que ese logro no es tan importante.*

⭐ *Las **críticas** están a la orden del día, te llueven cada vez que pasas un tiempo con tus familiares. Ya vas con el paraguas abierto esperando tormenta porque no son precisamente constructivas ni amables.*

⭐ *Te **comparan** todo el rato con otras personas (primos, amigos, vecinos...), aun cuando a simple vista está claro que eso te hace daño.*

⭐ ***Restan importancia a tus problemas y dificultades** con el argumento de que tienes comida, un techo y una cama, y te pintan de desagradecida con las cosas que te dan. Esto deriva en que no te dan apoyo emocional, creen que con cubrir tus necesidades físicas ya tienes más que suficiente.*

⭐ *En una discusión, usan **trucos sucios**, como darte donde saben que te duele, hacerte manipulación emocional e instru-*

mental (usar dinero/objetos como forma de conseguir que hagas lo que ellos quieren), culpabilizarte de cosas que claramente no son culpa tuya... Ojo, manipulación instrumental no significa que te quiten la Play porque has suspendido un examen. Significa que tu madre se niega a darte algo que realmente necesitas porque no quieres ir a ballet para cumplir su sueño frustrado.

★ ***No respetan tu privacidad,*** *tienen el argumento de que son tus padres/familiares/tutores, y que por tanto todo lo tuyo es suyo. De nuevo, cuidado con esto, porque el límite es difuso. Que tus familiares se preocupen por las cosas que subes a las redes es comprensible; pasarse de la raya sería, por ejemplo, que te prohíban cerrar la puerta de tu habitación o que revisen constantemente todos y cada uno de tus mensajes del móvil, cuando no les has dado ninguna razón para desconfiar de ti.*

No quiero que se me malinterprete con estas *red flags*, ten cuidado con juzgar a tu familia demasiado duramente. Hay familias que simplemente tienen **defectos**, no saben cómo sobrellevar determinadas situaciones complicadas y pueden **equivocarse**. Pero eso no quiere decir que no puedan cambiar con un poquito de ayuda (la tuya, incluso), y tampoco significa que sean tóxicas. Las familias tóxicas son de las cosas más duras que te puede tocar vivir, y si de verdad es tu caso, espero que en el futuro puedas encontrar un camino en el que no interfieran demasiado en tu vida y donde puedas estar en paz. Entretanto, en este nivel, te proporcionaré todos los consejos que conozco para que puedas salvaguardar tu **salud mental** dentro lo posible.

A veces parece que porque alguien tenga parentesco contigo, tienes que quererle y aceptar todas sus opiniones sobre ti. Como todo el mundo se espera que tragues y tragues con ellos porque son tu familia, pueden ser quizá el monstruo con el que nos sintamos más **indefensos**, porque no podemos pensar en ellos como monstruos, ¿no? ¿No está feo eso? Pues a veces no, corazón. De la misma manera que una persona desconocida por la calle puede ser maravillosa, tu tía Paqui puede ser imbécil perdida, y esto es así. Al final, naces donde naces, y no puedes hacer nada para cambiar eso. Pero sí tienes poder para intentar cambiar el **entorno** que te rodea y, en caso de no conseguirlo, también tienes el poder de cambiar cómo este te afecta. En este manual te voy a enseñar a usar ese poder.

Como habrás adivinado, este *final boss* también posee sus tretas para mantenerte en su red y hacer más complicado tu camino por este nivel. Es fundamental **conocer** a fondo las herramientas que posee tu **enemigo** si quieres tener posibilidades de vencerlo (o para que al menos veas por dónde te viene la patada en el culo). Como ya vimos en el nivel 1, una vez sabemos de qué disponen las familias tóxicas para hacerte **daño**, es más fácil encontrar las armas para hacerles frente. Presta atención, amiga, pues a continuación te voy a desvelar todos los **trucos** y secuaces de los que se sirve nuestro jefe final:

★ *Comentarios y críticas: esta arma es la más usada por las familias tóxicas. Su poder de ataque puede variar según la ocasión: a veces es un comentario disfrazado de amigable charla, que te lanzan como de pasada y sin darle demasiada importancia (en apariencia). Un ejemplo de este subtipo de arma, que lo podemos equiparar a un dardo certero en la diana: estáis manteniendo una pacífica conversación sobre la hija de una amiga de tu madre. Resulta que esta muchacha tan simpática ha empezado la carrera de Medicina y estudia mucho, a lo que tu madre comenta alegremente: «No como otras, ja ja». Cuidado con estos comentarios, pues puede ser una frase genuinamente inocente o tener una lectura oculta. Una pista para diferenciar si ha sido un comentario bienintencionado que ha dicho en broma o si es una versión disfrazada de un comentario dañino es si el final boss acostumbra a usar los otros* dos subtipos que se comentarán a continuación o se queda en el primero.

El segundo subtipo es un dardo también, pero ya algo pringado de veneno: sigue yendo disfrazado de «jocoso» chiste, pero está mucho más claro que es un ataque hacia ti. Siguiendo con el ejemplo anterior, sería que tu madre te dijera: «Mira, a ver si aprendes algo tú. Ja ja». La diferencia principal es que ha usado ese «tú», que te está dirigiendo la pullita a ti concretamente. Un comentario como este, de forma ocasional, es entendible. Ten en cuenta que, a pesar de que lo ideal sería no recurrir a ningún tipo de ataque, nadie es perfecto, y tampoco quiero hacerte pensar que tu familia es tóxica cuando tal vez solo sea una familia normal con sus pequeños problemas. Pero, por supuesto, todo tiene sus límites, y está claro que frases de este estilo dirigidas hacia ti acaban desgastando y resultando cada vez más desagradables. Ante estos casos, has de prestar atención a lo que sientes en estas situaciones y respetarte (a ti y a tus límites).

Por último, tenemos la crítica propiamente dicha, el dardo directo al corazón. Su característica fundamental se resume en una frase muy dañina (importante que en el pasado se haya comunicado al familiar en cuestión que ese tema no te hace ni puta gracia, porque si no puede ser simplemente un error sin mala intención) y desenmascarada al completo como un ataque. Una frase que esa persona sabe que a ti te afecta, y la suelte igual. Para rematarlo, puede ser que tras soltar tremendísima bomba atómica, al sujeto responsable no se le ocurra otra linda idea que decir algo del palo «Chica, qué sensible, si era una broma». José Miguel, si he estado a punto de tener un ataque de ansiedad, no cuenta como broma. Espabila, tío.

Ante este último subtipo, no hay discusión alguna. Por ocasional que sea, si una frase te ha hecho mucho daño emocional, no es admisible. Aquí queda completamente claro que has de tomar cartas en el asunto para que no se vuelva a repetir.

⭐ *Edad:* la edad es otro esbirro muy usado por las familias tóxicas. Se alimenta de una antigua leyenda que, como toda buena leyenda, está cogida con pinzas y no tiene ningún tipo de respaldo científico: que la edad te da más poder sobre los demás. No me malinterpretes, la edad te da mucha experiencia y muchos conocimientos, desde luego. No me oirás a mí intentar convencerte de que sabes más que tu padre o madre/tías/abuelas, porque lo más probable es que sea todo lo contrario. Al final, más tiempo en este mundo = más tiempo para aprender y entender cómo funciona el mundo. Esto es simple. Si estás en la etapa de la adolescencia, entiendo ese impulso de pensar que tus familiares no se enteran ni de media (créeme, acabo de pasar esa etapa). Pero, por lo general, acabas dándote cuenta de que tenían toda la razón del mundo. Y si no toda, bastante.

Ahora bien, como sabes, un gran poder conlleva una gran responsabilidad. Existen varios individuos que utilizan la edad de forma irresponsable, convirtiéndola en un esbirro, una herramienta del mal (y convirtiéndose a sí mismos en nuestro *final*

boss, *en consecuencia). La magia de la edad se limita al conoci-*
miento y las experiencias, pero algunas personas lo conciben
como un free pass para faltarte al respeto e imponer su voluntad
sobre ti. Está chuli que una familiar mayor que tú te aconseje,
porque es probable que esté más ubicada que tú en la vida. Cuan-
do empieza a ser un problema es cuando esta misma familiar
tiene una opinión subjetiva y te saca el argumento de «yo soy
más mayor» para convertirlo en un hecho legítimo y universal.

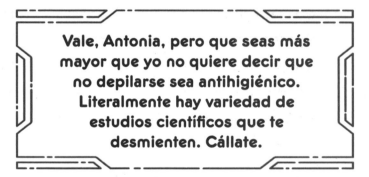

Vale, Antonia, pero que seas más mayor que yo no quiere decir que no depilarse sea antihigiénico. Literalmente hay variedad de estudios científicos que te desmienten. Cállate.

⭐ *Control: este esbirro suele reservarse a personas más «cercanas» de la familia, aquellas que pasan más tiempo contigo y tienen más confianza. Por lo general, tu tía abuela segunda por parte de la mujer de tu primo tercero no suele tener mucha potes- tad en tu crianza y en la educación que se te da (aunque todo pue- de ser, claro). Pero ojokuidao, que sea menos frecuente no lo hace menos peligroso. De hecho, este esbirro y la edad forman un po- deroso combo que puede ser mortal si no sabemos enfrentarnos a él. Al final, si eres menor de edad, está claro que hay personas* adultas que se encargan de ti. Gente que sea responsable y esté preparada para enseñarte, guiarte y cuidarte, porque si no el mundo se te come viva. Desde luego, si todavía no has alcanzado la madurez, el control en su justa medida es algo necesario (aunque sé que a veces no hace ninguna gracia que lo ejerzan).

Por eso, en el caso de esta criatura, nos volvemos a encontrar que la diferencia está en la forma en la que use ese control. Puede generar un efecto beneficioso, ayudándote a evitar problemas y a tomar buenas decisiones; pero también puede utilizarse como forma de obligarte a cumplir con los egoísmos de un familiar. Es cierto que distinguir dónde está la línea entre una y otra es complejo, porque a veces parece que te están controlando de forma injusta y resulta que no es así. Cuando quieres salir con tus amigos porque está la persona que te mola y tus padres te dicen que nanay porque tienes un examen el lunes, te entran ganas de arrancarte todos los pelos de tu cuerpo. Pero reflexiónalo, corazón: tienes un examen el lunes, y hay que apoquinar. A veces, la vida es dura.

Ahora bien, de ahí a que, por ejemplo, te obliguen a seguir yendo a clases de hípica porque ser una amazona es el sueño frustrado de tu tía Rosario hay un trecho bien grande. De nuevo, todo consiste en ver hasta dónde estás dispuesta a llegar por los demás y saber qué te hace mal y qué te hace bien. Hacer un ejercicio de introspección y entenderte para diferenciar qué control de tu familia está justificado y cuál es un maléfico esbirro de una familia tóxica.

★ *Árbol genealógico:* este poderoso maleficio puede dejar K.O. a cualquiera que no esté protegida ante él. Su fuerza reside, sobre todo, en la sociedad, y en su forma de inculcarte determinados valores desde que mides menos que un guisante. Es esa idea de que, si alguien es tu hermano, puede meterte un brazo entero por la nariz y generarte una grave hemorragia interna, comerse a tu perro con salsa de pimienta y quemar tu casa, que no pasará nada. Son esas personas que te dicen: «Bueno, pero es tu hermano, tienes que quererle». Discúlpeme, pero, con todo el respeto, preferiría que no volviese usted a abrir su bocaza en un radio inferior a cuatro metros de mí.

Recuerda que una relación afectiva no está determinada por los lazos de sangre: estos solo te permiten pasar más tiempo con las personas con las que los compartes. Pero una relación sólida y sana se basa en el respeto, el apoyo y la confianza: si en el tiempo que compartes con una familiar no te proporciona un mínimo de eso, lo siento, pero no tienes ninguna obligación de quererla. Por horrible que suene (porque desde peques nos enseñan que la familia es lo primero), no es tu deber cambiar a tus familiares ni solucionar sus problemas. Absolutamente nadie tiene derecho a jugar con tu salud mental y emocional, por mucha familia que sea.

★ *Gaslight:* este es el maleficio definitivo de las familias tóxicas (y a veces incluso de las familias que, sin ser tóxicas, se pasan de listas). Viene derivado de la edad: en caso de que el enemigo no posea esa herramienta (por ejemplo, tu hermana pequeña), es bastante difícil que pueda ejecutar este embrujo. Aunque no es imposible, así que ten precaución igualmente: las hermanas menores pueden llegar a ser pequeñas manipuladoras en algunas ocasiones.

De forma resumida, esta oscura magia consiste en hacerte sentir imbécil perdida. Puede llegar a convencerte de que has dicho cosas que no has dicho (o al contrario, que no has dicho algo cuando sí lo has dicho), de que todo se desarrolló de una manera que no se ajusta a la verdad o de que algunos hechos son todo lo contrario de como realmente son. El enemigo te repite una y otra vez la idea que desea que se inserte en tu mente, de tal forma que te acabas planteando si estás mal de la cabeza y la otra persona tiene razón. Por ejemplo, tú recuerdas haber mantenido una discusión con tu padre: en ella, ambos gritasteis y os dijisteis cosas feas. Sabes que no estuvo bien lo que hiciste, así que acudes a tu padre con ánimo de disculparte (y que él lo haga también, claro): pero en el momento en el que pides perdón, tu padre no lo hace. Según él, solo tú perdiste los papeles durante esa pelea, y él no tiene nada de lo que arrepentirse porque estaba completamente calmado. Te repite esto muchas veces, usa el argumento de que él es adulto y más sabio que tú, y te hace cuestionarte tus capacidades memorísticas y perceptivas: acabas pensando que debes de ser medio boba para haber recordado así el suceso de la discusión.

Este hechizo puede ser muy peligroso, pues modifica tu realidad y dinamita tu confianza en ti misma y en tus capacidades *mentales. Y lo peor de esto es que, a veces, la persona que lo ejecuta ni siquiera es consciente de estar haciéndolo ni de todo el daño que puede causarte. A veces, deseamos tanto tener razón que conjuramos esta magia oscura sin pretenderlo. Al igual que les pasa a tus familiares, te puede pasar a ti, a tus amigos, a tu pareja... Y realmente es algo muy dañino para quien lo sufre.*

ARMAS Y HABILIDADES PARA LA BATALLA

Sé que el panorama puede parecer desolador: tienes ante ti un enemigo formidable, bien preparado y con el que compartes unas **ataduras** demasiado fuertes como para cortarlas. ¿Cómo luchamos contra un monstruo al que estamos esposadas? Precisamente por eso esta batalla final habrá de afrontarse con un enfoque distinto al que usamos para el nivel 1. En lugar de focalizarnos en el *final boss*, tendremos que focalizarnos en nosotras mismas, en las armas que poseemos para **esquivar** sus ataques, o para **encajarlos** de tal manera que no suframos casi ningún daño. El objetivo no será librarnos del jefe final ni alejarnos de él, porque en muchos casos, esto no será viable. Más bien, lo que buscamos es **«domarlo»**, estar en su presencia sin que ello suponga un **desgaste** emocional constante. Las armas con las que debes hacerte para lograrlo son las siguientes:

★ *Información: esta es la primera (y más importante) herramienta que necesitarás. Es la base sobre la que montarás el resto de tus ataques, el fundamento de toda tu lucha contra el enemigo. Y es que, actualmente, tenemos una ventaja que no poseían las anteriores generaciones: información ilimitada.*

Internet está a rebosar de conceptos como el respeto, las dinámicas familiares, los tipos de apego, la inteligencia emocional... En el pasado, la única referencia disponible sobre lo que era una familia era la tuya propia. Como mucho, veías a la de tu amiga una vez al mes, y prácticamente no hablaban en tu presencia. De hecho, si lo hacían, era para gritarse cosas feas, así que joder, pues sería lo normal. Este contacto tan reducido con otros tipos de familia te podía hacer naturalizar conductas que a lo mejor no eran aceptables, permitir comportamientos que no deberías y callarte cosas por no «destruir la dinámica familiar». Pero actualmente,

la generación Z dispone de muchísimas referencias distintas de lo que puede ser una familia, de los límites que no deben sobrepasarse y, sobre todo, de que la salud mental es siempre la prioridad absoluta (no la familia, como se creía antes).

Por supuesto, esta cantidad ingente de información es un arma de doble filo. Recuerda que lo que se ve en las redes sociales es, en muchas ocasiones, una versión adulterada de la realidad. No te dejes llevar por las familias perfectas de Instagram, los vídeos de postureo y las fotos de los regalos de Navidad. Usa esta arma en su justa medida y de forma que te beneficie, buscando datos sólidos y contrastados. Si no, corres el peligro de juzgar a tu familia según el ideal que proyecta el influencer de turno, que ni es real ni es justo (porque probablemente tenga más dinero y más privilegios que tú). Claro, al lado de las Kardashian, cualquier familia parece una mierda: pero recuerda que estas tías viven del cuento y no dan un palo al agua, no tienen ni el estrés ni las preocupaciones que seguramente tenga tu familia. Así que ya sabes, querida heroína, procede con cautela, pues esta arma puede volverse contra ti.

★ *Comprensión*: más que un arma, se trata de una armadura, un instrumento de defensa. Se basa en reestructurar nuestra mente de tal forma que determinadas cagadas de nuestras familiares no nos afecten. En suma, es emplear la inteligencia emocional para neutralizar los ataques del *final boss*.

Y tú me preguntarás: «Vika, si ya he tomado conciencia de que mi familia es tóxica y me hace daño, ¿para qué voy a intentar entenderla?» Pues más que nada, para proteger tu salud mental, cielo. Porque los humanos estamos hechos para entender las cosas, y el mero hecho de hacerlo nos proporciona paz y nos ayuda a aceptar mejor lo que nos sucede. ¿Por qué crees que la policía se esfuerza tanto en descubrir qué sucedió exactamente cuando hay un accidente de coche grave? Sobre todo, porque proporciona un poco de paz a las víctimas que acaban de sufrirlo.

Y es que nuestros papás, mamás, abuelos/as, tíos/as, tutores/as, o quien sea que esté a cargo de ti, se han criado en un mundo radicalmente distinto al nuestro. Desde pequeñas, les han inculcado valores muy diferentes (a veces incluso opuestos) a los que ha visto la generación siguiente. Casi todo lo que pensamos, opinamos y defendemos está basado en aquello que hemos visto en películas, series, lo que nos han enseñado en el cole y lo que hemos aprendido de la gente de nuestra edad. Pero el mundo cambia más rápido de lo que nos damos cuenta, y el caldo en el que nuestra mente se ha cocinado y marinado no tiene nada que ver con el caldo en el que estuvieron las mentes de la mayoría de tus familiares.

Lo que quiero decir con esto es, básicamente, que tengas un poco de piedad. Tus ideas y las de tus familiares van a chocar, eso es inevitable: al fin y al cabo, os habéis sometido a ambientes que tienen poco o nada que ver. Intenta educar a tus familiares en que existen nuevas formas de pensar, en que pueden verse las cosas de otra manera. Ten una paciencia infinita, pues cualquier cambio, por mínimo que sea, les llevará tiempo. Y si aun así no consigues que evolucione un poco su pensamiento, simplemente quédate con el consuelo de que entiendes por qué opinan así, y tal vez de esa forma no te duelan tanto determinados comentarios desafortunados.

★ **Madurez:** esta arma va muy de la mano con la anterior. De hecho, podría decirse que posee el poder de ataque del que la comprensión, de la que hemos hablado justo antes, carece. Además, constituye la mejor (por no decir única) contrapartida al esbirro «edad» de nuestro jefe final: esgrimir una madurez deslumbrante ante un enemigo que usa «edad» en tu contra hace perder credibilidad y eficacia a este secuaz maligno. Si quieres tener la más mínima oportunidad de convencer a José Miguel de que ser gay no es una ofensa hacia Dios, no hay mejor arma que mostrarse madura. Por frustrada que te sientas, el final de vuestro debate no puede consistir en que te vayas a tu habitación y des un portazo. Porque pierdes toda la credibilidad, corazón de melón. Puedes llevar toda la razón del mundo, pero si tienes una rabieta, parecerá que estás intentando convencer a la peña de que tu perro sabe bailar claqué.

Por eso, querida heroína, aunque veas perdida la batalla contra el *final boss*, aunque sientas una profunda frustración y lo único que desees sea hacerte una bolita y llorar, debes perseverar y mostrarte impasible. Si el enemigo percibe debilidad en tu rostro, sus ataques se redoblarán y los tuyos perderán eficacia. La madurez es lo que hará que el jefe final te tome en serio, que no desvíe tus argumentos por considerarte inferior y menos experimentada.

También has de tener en cuenta algo muy importante: esta arma es altamente efectiva, sí, pues te da la capacidad de presentar batalla y la oportunidad de ganarla. Pero no es sencillo obtenerla. Se ha de forjar poco a poco, con tiempo y esfuerzo, a base de ir demostrando (a ti y a tus familiares) que eres una persona con ideas válidas y capacidad de reflexión. Que deben tomarte en serio y que la edad y la experiencia no proporcionan conocimiento infinito y absoluto si no sometes esos conocimientos a una crítica objetiva. Para llegar al punto en el que puedas usar tu madurez como un ataque, debes mostrar al enemigo que la posees, de forma consistente y prolongada en el tiempo. ¿Te acuerdas del capítulo de *Los Simpsons* donde Lisa está enferma, y su madre no le toma la temperatura ni nada, sino que la cree? Ahí Bart pregunta qué hace falta para esa confianza inquebrantable y su madre le dice: «Ocho años de absoluta sinceridad». Bueno, en este caso no harán falta ocho años, pero te haces a la idea de que no vale con mostrarse madura una de cada diez veces. Comportamientos como gritar para querer tener más razón, llorar de frustración, poner malas caras, faltar al respeto sin venir a cuento... dinamitan tu camino. Sé que en el momento es lo que parece más viable (quién no ha tenido ganas de arrancarle los pelos a su tía Federica cuando comentó que la tarea de las mujeres es limpiar y tener hijos), pero a la larga, y a la corta, lo que acaba pasando es que no consigues nada.

★ **Límites:** esta arma es la que ya empleamos con la amiga de mierda en el nivel 1. De hecho, es un arma que emplearemos en muchos de los niveles de este videojuego al que llamamos vida. Por eso, aprovecho para recalcar ahora su importancia. Entiendo *que soltarle un corte a tu padre en medio de una comida familiar porque ha dicho algo que te ha dolido puede dar miedo, por si perturbas el ambiente o si se enfadan contigo. Y no me malinterpretes, no te pido que te pongas a establecer tus límites de forma brusca y delante de toda la familia, porque entiendo que ese estilo no irá con todas las heroínas. En su lugar, puedes ignorar lo que ha dicho y, un rato después, en un ambiente más privado, mencionarle de forma calmada y educada que se ha pasado de la raya y que no vas a aceptar esos comentarios. Que si no quiere que vuestra relación se deteriore, cambie ese tipo de frases cuando se dirija a ti. O si te gusta el caos, puedes mandarle a tomar por culo delante de toda la familia: ten en cuenta que ello te frenará a la hora de construir tu arma de madurez, pero te quedarás muy muy a gusto, eso sí. Eso ya, a preferencia del consumidor.*

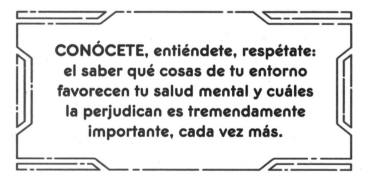

CONÓCETE, entiéndete, respétate: el saber qué cosas de tu entorno favorecen tu salud mental y cuáles la perjudican es tremendamente importante, cada vez más.

Con la «pandemia» que está habiendo de enfermedades y trastornos mentales, no estamos como para andar descuidando aquello que influye en la nuestra, porque entonces se nos va a ir la olla antes o después. Así que ponte la mascarilla psicológica y deja de permitir que personas de mierda te pisoteen.

⭐ *La familia que se elige*: se trata de un conjuro protector muy poderoso. Los seres humanos estamos compuestos por varias dimensiones que nos identifican y nos definen como persona. Por ejemplo, una persona puede identificarse como amante de las películas, patinadora sobre hielo, amiga de Noelia y de Alberto, integrante de su familia y estudiante de bachillerato. En este caso, si algún ámbito falla (por ejemplo, suspende bachillerato y decide dejarlo), todavía le quedan todos los demás, que puede seguir usando para identificarse como persona y para apoyarse emocionalmente.

Este conjuro se basa en eso: la familia que se elige, los/las amigos/as. Si te encuentras ante la situación de que tu familia te hace daño, no te da apoyo y no hace un esfuerzo por entenderte, un ámbito de tu vida está fallando. Y por mucho que batalles contra ese *final boss*, por mucha madurez, límites y comprensión que apliques, hay veces en las que este enemigo continúa siendo hostil. Y es una putada, no te voy a decir que no, porque sería mentir. Pero en ese caso es momento de protegerse mediante otras vías, centrarse en otras cosas que te definan como persona y que te hagan sentir completa y bien. Y una vía muy poderosa es apoyarse en las amigas, cuidarlas y dejar que ellas te cuiden, pasar tiempo en su compañía.

Al menos ahora tienes el consuelo de que has intentado mejorar la relación con tu familia por todos los medios que has encontrado. Si has dialogado de forma educada y razonable, has sido madura, has establecido tus límites de forma clara y comprensible para aquellos que te rodean, y aun así no logras que tu familia te trate de una forma que te haga sentir más cómoda... lo que te queda es simplemente entender que poco más puedes hacer, tratar por todos los medios posibles de que los comentarios y las críticas te resbalen y esperar hasta que puedas establecer un poco de distancia con esta toxicidad. Mi consejo es que no te metas repetidamente en peleas con el *final boss* durante este período de tiempo: si ya has concluido que no parece que vayan a cambiar, este tipo de discusiones no te llevarán a ningún lado y solo te generarán heridas innecesarias.

★ *Individualidad:* se trata de otro hechizo protector. La ventaja que tiene es que posees total y absoluto control sobre él. En el anterior conjuro, puede darse la situación de que estés pasando por una época en la que apoyarte en tus amigas no sea opción, en cuyo caso esta magia no surtirá efecto. Pero el que funcione o no este hechizo concreto depende completamente de ti, querida heroína.

Y es que el truco aquí está en tomar conciencia de que tú no eres tu padre, ni tu madre, ni tu hermano ni tu abuela. A veces te da miedo ser un miembro de tu familia, pues los demás miembros tienen facetas que sabes que son tóxicas o negativas, y que no quieres ver en ti misma. Pero, en último término, la persona que somos y que seremos está bajo nuestro control: a veces podemos ejercer nuestro propio control y cambiar, con más o menos esfuerzo. Otras veces, necesitamos ayuda externa (de amigas, de una psicóloga, incluso de una desconocida de la calle profundamente sabia) para superar determinadas cosas y eliminar ciertos hábitos o conductas, y eso también es completamente válido. Pero lo que debemos tener muy presente es que si no queremos absorber los valores que tanto detestamos en nuestra familia, tenemos el poder para evitarlo, de una forma u otra.

OBSTÁCULOS EN EL CAMINO

En muchas ocasiones, lo que dificulta la batalla contra las familias no es el hecho de que este *final boss* sea hostil, o te ataque de forma intencionada, sino que os encontráis en un terreno **escarpado**, lleno de arenas movedizas y plantas venenosas. Otras veces, el enemigo sí que es hostil, debe ser derrotado, y además el camino es difícil y nos **impide** movernos con soltura. En ambos casos, es fundamental conocer con qué obstáculos podemos encontrarnos, porque como ya sabes, si vamos prevenidas, nuestra tarea es más fácil.

★ *Síndrome de niña buena*: este obstáculo afecta, seguramente, a una gran parte de las lectoras de este manual. Consiste en ese miedo, esa ansiedad, de no cumplir con las expectativas que tu familia te carga a la espalda. A veces, nos volvemos dependientes de la aprobación que nos proporcionan cuando acatamos su voluntad, y dejamos que esa dependencia pise nuestros propios deseos y aspiraciones.

Este obstáculo también comprende el miedo al enfrentamiento, del que ya hablamos en el nivel 1. Como hemos aprendido, pese a que esta reticencia a las peleas es normal (e incluso útil, porque nos ayuda a evitarlas si son innecesarias), no podemos dejar que llegue el punto en que evitemos cualquier tipo de conflicto. A veces, montar un pollo es necesario para que te tomen en serio y no te pisen.

Como vas viendo, muchos de los aprendizajes y de las armas que hemos adquirido hasta ahora pueden reutilizarse en los niveles superiores. Por eso es tan importante que entrenemos bien cada habilidad y cada herramienta en nuestro paso por este videojuego: si lo hacemos correctamente, nos servirán en diversos ámbitos y nuestro camino será cada vez más fácil.

⭐ **Brecha generacional:** entre tus familiares y tú muchas veces se abre un abismo que puede llegar a parecer insalvable. Entre un lado y el otro de este abismo hay un hueco formado por los años de diferencia entre su educación y la tuya. Está claro que la definición de lo que está bien y mal es radicalmente distinta ahora que en los años cincuenta, sesenta, setenta... Y muchas de las integrantes de tu familia se han criado con esos valores, se los han repetido durante años hasta que se han quedado graba-

dos en su cerebro. Todo esto hace que muchas de vuestras opiniones, conceptos y formas de pensar difieran y que la comunicación y los acuerdos a veces se vuelvan difíciles. En este caldo de cultivo es normal que de vez en cuando os queráis arrancar los pelos y la convivencia parezca imposible. Por suerte para ti, la protagonista de este videojuego, existen formas de hacer que esta brecha no os separe de forma definitiva.

★ *Sociedad: por último, pero no menos importante, la sociedad a veces constituye un gran obstáculo en tu lucha por vencer al final boss. Y es que está muy pero que muy normalizado el hecho de que las familias te jodan por todos los lados, de todas las formas posibles, y que tú tengas que tragar porque claro, es tu familia, y la familia es lo primero. Tenemos el concepto de familia tan idealizado y protegido que parece que tu abuela puede coger un tractor, pasarte por encima hasta que no se te pueda sacar del asfalto ni con espátula, y que quede feo por tu parte que no te levantes a darle un besito. Pobre abuelita.*

Los tiempos están cambiando, y cada vez más rápido. Sé que siempre se te ha inculcado que debes estar con tu familia, y yo no te digo que no. Está guay tener ese grupo de pertenencia con el que pasar tiempo y, sin duda, te pueden aportar cosas preciosas y ayudar mucho en momentos difíciles. Pero claro, si ese grupo lo único que te aporta son emociones negativas, malas rachas y baja autoestima, ya puede ser tu familia o las doce diosas del Olimpo, que no te renta nada de nada quedarte ahí. Hay personas que tienen familias maravillosas, personas cuyas familias están dañadas pero merecen el esfuerzo de tratar de repararlas, y otras que lo que tienen que hacer es protegerse todo lo posible de la toxicidad que desprenden sus familiares y salir pitando en cuanto tengan la más mínima oportunidad. Porque, al final, las familias son un grupo social más, y me da igual lo que diga la sociedad: si ese grupo es una mierda, es una mierda, por muchos genes que compartáis.

Como ya sabes, a la hora de la batalla no solo cuentan tus armas y las del enemigo: también hay determinadas pequeñas acciones que pueden darte un **impulso** a la hora de pelear o, por el contrario, suponerte una dificultad añadida. A continuación, te resumo los bonificadores de los que dispones:

−10 en **madurez** por cada portazo que sueltes, cada vez que alces la voz o cada vez que digas «te odio» en una discusión.

+10 en **madurez** por darte cuenta de que la has cagado y disculparte (aunque tu familiar no lo haga).

+10 en **picardía** cada vez que emplees la frase «*ok, boomer*». Aunque es poco maduro (-1 en madurez). Pero sienta GENIAL (+100 en gustito).

+50 en **defensa** por tomarte los comentarios fuera de lugar como un cumplido, cuando ese familiar no pretendía que lo fueran. Ejemplo: «Uy, se te van notando los dulces de Navidad», y tú: «¿Verdad? Yo antes no tenía este culazo jugosón».

+10 en **mindfulness** cada vez que tu familiar alce la voz y tú mantengas la calma.

+50 en **diplomacia** cada vez que intentes sentarte a dialogar las cosas, aunque te encuentres con un muro.

+10 en **paciencia** por cada explicación de lo que es el «Feisbus», «Istagrá», «Tistós» y similares, que le tengas que hacer a Mari Pili.

+100 en **admiración** por tener a tu padre agregado en Instagram (en serio, ¿cómo lo haces? Vas a tener que entrenarme tú a mí. Mis dieces).

+10 en **cringe** por tener a tu primo de catorce años testosterónico perdido agregado a Instagram, y tener que ver sus stories de mejores amigos en los que se hace el superguay. De nuevo, mis dieces. Yo no soy capaz de someterme a tal tortura. El alumno se convierte en maestro, dicen por ahí.

+10 en **tranquilidad** cuando una familiar te quiera convencer de que hagas algo que no va a tener ningún beneficio para ti simplemente porque a ella le apetece y, en lugar de discutir, tú le digas que ok (y luego hagas lo que te dé la gana, claro).

Por fin ha llegado el gran momento, querida heroína. Tras todo el camino recorrido, los obstáculos que has superado, las armas que has obtenido y las penurias que has soportado, es momento de **plantar cara** a tu enemigo y acabar con la batalla de una vez por todas. Algo muy importante que hay que recalcar antes de enfrascarnos en esta lucha es que, cuando digo vencer, no me refiero a conseguir tener la razón, a hacer más daño que tu contrincante ni a tener la última palabra. Tú habrás vencido esta batalla cuando alcances un estado mental en el que tu enemigo no te **perjudique** en ningún ámbito. Puede ser porque, tras la pelea, el enemigo haya comprendido tus motivos y se haya comprometido a dejar de mostrarse tan hostil. O simplemente porque aprendes a esquivar los ataques que te lanza, o estos dejan de surtir efecto en ti.

Una vez has logrado recorrer el arduo camino que se te presentaba en este nivel, consigues ver el terreno de batalla abriéndose ante ti. Se trata de un amplio valle, salpicado aquí y allá con diversas criaturas. Algunas son tus familiares (el tío Paco de los comentarios desafortunados, la abuela desfasada, el primito tocahuevos...), otras son sus esbirros. Lo cubren todo, salpicando el paisaje como gotitas de mala leche.

Puede que la escena te **abrume**, pero has de saber que no debes enfrentarte a todos estos seres. Es probable que solo necesites plantar cara a uno, y el resto caerán por su propio peso tras su derrota. También puede ser que tu batalla deba librarse con más enemigos, pero en este caso tampoco debes agobiarte: ve paso a paso, rival a rival. Establece tus **prioridades** y evalúa qué es más urgente.

Una dificultad añadida son las propias características del terreno. Para acceder a algunos de tus contrincantes, has de salvar un abismo profundo y aterrador que os separa: la **brecha** generacional. En algunos casos, será mayor y necesitarás construir todo un puente de carretera; en otros, bastará con coger aire y dar un buen saltito (uno que haría llorar de emoción a tu profe de gimnasia de primaria, pero un saltito al fin y al cabo). Esto, de todas formas, tiene un lado positivo: en este mundo extraño en el que viven los familiares, se valora enormemente el que una persona haga el **esfuerzo** de cruzar este precipicio. Si eres capaz de hacerlo con éxito, verás cómo aparece un escudo en tu antebrazo izquierdo (o derecho, si eres zurda, aquí cada una a lo suyo) y tu victoria estará más asegurada.

Una vez hayas decidido cuál será tu rival, se te abren dos posibles vías para la batalla: la primera es un **enfrentamiento directo**: emplear tus herramientas y tus conjuros y esquivar aquellos que use tu contrincante. Puede ser una conversación **cara a cara** donde expongas todo lo que necesites soltar; puede ser que eso te genere demasiada inseguridad y prefieras hablar por **teléfono**; tal vez incluso decidas **escribir** una carta, porque te expresas mejor de esa manera. Lo hagas como lo hagas, recuerda: madurez, comprensión y límites, y vencer no es llevar más razón, sino encontrar un terreno en el que ambas partes del enfrentamiento se encuentren **cómodas**. La pelea requerirá que tanto tú como el *final boss* os mováis, cambiéis de posturas y os acomodéis, para reparar esa dinámica que estaba siendo dañina. Tenéis que **avanzar**, como en las carreras esas de las pelis en las que atan a dos personas por una pierna y si no se ponen de acuerdo, se caen de boca. Lo interesante es que al otro lado de esa dura carrera hay algo bueno. Hay un lugar precioso lleno de flores (o no, si eres alérgica, nadie quiere que te pase nada malo, bebé), de luz y de unicornios subidos encima de gatitos. O gatitos subidos encima de unicornios. Si alcanzáis esa «tierra prometida», ese lugar en que ambas partes estáis **en paz** y os dais el trato que merecéis, entonces significará que has vencido la pelea final. A veces, vencer no significa eliminar. De hecho, muchas veces significa crear. En este caso, crear un **ambiente positivo** en el cual poder hablar las cosas poniendo cada una de su parte.

Pero puede darse el caso de que, a pesar de tus continuos y arduos esfuerzos, tu enemigo se niegue a moverse, que te exija grandes cambios que tú no estás dispuesta a aceptar y que provoque así la continuación de esta dinámica tóxica. Entonces, te queda otro camino: poner en práctica todas las herramientas que se han descrito en este manual para **protegerte**. Saca tu habilidad camaleónica y tus pulmones de acero para camuflarte y respirar hondo a un mismo tiempo mientras te vas tú solita a esa «tierra prometida». Para ello, deberás aprender a **interpretar** y percibir todos los comentarios y conductas de tu familia de tal forma que **no perturben** tu estado de ánimo. A cualquier frase ofensiva que salga de sus bocas no le dedicarás más que un pensamiento de tristeza por lo amargas que deben de ser sus vidas para comentar algo así. Será como **esquivar** sus ataques, agacharte rollo Matrix cuando te venga una dentellada. Cualquier conducta fea que te dirijan será interpretada como un fallo suyo, por no saber reconocer la valía y el respeto que mereces. El resentimiento por el dolor que te han provocado y/o te provocan (intencionada o inintencionadamente) desaparecerá, porque aferrarte a rencores solo te hace daño a ti. Todo esto mientras no pierdes el rumbo, caminas hacia delante hasta que seas capaz de dejar a ese enemigo atrás, hasta que solo sea un punto quejica en la distancia que, de vez en cuando, vuelve para zumbarte en el oído como una mosca cojonera. En ese caso, esquivar a veces es más complejo, pero nada que un par de soplidos y manotazos a tiempo no puedan solucionar (no estoy recomendando dar manotazos a nadie, que conste. Aunque ya he dicho que podría ser divertido, repito que no es lo que quiero fomentar aquí). Esta «huida hacia delante» también se puede acompañar con **pequeños «ataques»**, siempre que se lancen sin perturbar tu paz mental. Por ejemplo, cuando Paco te pregunta por qué no sabes planchar, si eres mujer, tú le respondes, con una radiante sonrisa que a eso no te enseñaron, pero a cometer un asesinato y esconder el cadáver sin que nadie se entere, sí.

Esta forma de no-pelear implica un **trabajo mental** brutal y requiere mucho tiempo y esfuerzo por tu parte. Significa tener una autoestima muy alta, tener muy claro que no nos merecemos ningún tipo de pisoteo, conocer a la perfección nuestros **límites** y permitir cero unidades de influencia por parte de las familiares que te puedan estar dañando. Es algo muy complejo, no te voy a engañar. La ventaja es que permite reducir el enfrentamiento a un mínimo y garantiza tu paz mental al cien por cien, independientemente de cómo actúe tu enemigo. Pero es un arte difícil de dominar, pues has de esquivar, eludir y sortear múltiples ataques con una altísima precisión y agilidad. Y la «tierra prometida» merece la pena, en serio. Tiene una conexión a internet de puta madre, nunca hay que poner lavadoras y, sobre todo, hay tranquilidad. Que creo que es lo que más te mereces en este mundo.

Hasta aquí llega todo el conocimiento que puedo aportarte en este nivel, estimada aventurera. De aquí en adelante, solo te queda aplicar las enseñanzas y esperar que el resultado se ajuste a tus deseos. Si una persona no te trata con respeto, eso no significa que tú seas peor, significa que esa persona lo es. Por muy familia tuya que sea. El amor y la **confianza** no es algo que se regale por el simple hecho de cenar juntos en Navidad, es algo que se trabaja y se construye con años de relación y cuidados. Es algo que hay que **currarse**. Así que, al igual que mandarías a tomar por culo al vecino de enfrente si te dijera que te pusieras otra ropa porque vas muy fresca y pareces una puta, manda también a tomar por culo al tío Paco si te suelta algo parecido. Porque Paco, chiqui, me ves tres veces al año, ¿qué haces opinando sobre mi vestimenta? Ubícate un poquito.

NIVEL 3

EL FUTURO QUE PIDES VERSUS EL QUE TE LLEGA

INTRODUCCIÓN

A día de hoy, parece que tienes que saber a qué te quieres dedicar casi desde el momento en que a tus padres se les ocurre siquiera pensar en tu concepción. A este paso, van a tener que dejar de decir «esperamos un bebé» para decir «esperamos una futura estudiante de ADE + derecho». Es que te coge la peña por banda, cuando aún no eres capaz ni de elegir tu color favorito, y tienen el valor de preguntarte que qué quieres **estudiar.** Señora, solo en España existen alrededor de 140 carreras universitarias, cientos de FP diferentes, miles de cursos de formación… Es que a lo mejor no quiero ni estudiar. Me podría dar por ir a criar alpacas y tejer jerséis con su lana. O hacerme contorsionista y unirme a un circo ambulante. O dedicarme a robarle la cartera a pesadas como usted. **Déjeme vivir.**

El futuro es esa cosa abstracta, amorfa y cambiante, que no tienes ni idea de dónde está ni cuándo estás en él. Tú eres ahora mismo el futuro «yo» de tu «yo» pasado, y seguro que sigues sin tener **ni puta idea** de nada. No se nos garantiza que esto vaya a cambiar, y aun así, se nos exige que nos estresemos con este tema. Pero hay algo que aprendes a medida que vas avanzando por este videojuego, aunque yo te voy a hacer spoiler por si todavía no te has dado cuenta: nadie tiene ni puta idea de nada, no eres solo tú. Hay personas que son más hábiles escondiendo lo desubicadas que están y otras que ni siquiera hacen ese esfuerzo, pero absolutamente **todo el mundo va dando tumbos** por la vida. En definitiva, todas avanzamos tanteando a ciegas e intentando cagarla lo menos posible. Pero, claro, si andas a oscuras por un terreno escarpado, lleno de piedras, zarzas y zurullos de vaca, aunque vayas con un cuidado infinito, alguna hostia te vas a dar.

Mi consejo en esto es que seas **flexible**. Nos pasamos horas y horas investigando y pensando qué queremos estudiar, de qué vamos a trabajar, dónde vamos a vivir… Y entonces llega la vida, se ríe de ti un ratito y luego te da una patada en la espinilla. Y se queda tan ancha. Lo más normal que te puede pasar es que acabes haciendo algo radicalmente diferente a lo que pensabas. Yo de pequeña quería ser domadora de delfines, luego quise ser peluquera y más tarde médico. Después pretendí ser psicóloga, hasta me metí en la carrera (ahora mismo, de hecho, estoy en ella). Y mira, he acabado haciendo chistes de mis traumas en internet. Una historia trágica, la mía. Pero no te preocupes, estimada protagonista, no tienes por qué acabar en la profesión de payasa, como yo. Tu futuro será bastante más **brillante**, seguro. Sobre todo, porque no es muy difícil superar el mío. Y para ayudarte con esa tarea tienes este manual y, en concreto, este nivel.

El futuro es un ser misterioso y, por tanto, tiene diversos secuaces y hechizos escondidos bajo la manga. En lo que destaca el enemigo, sobre todo, es en su habilidad para infundir miedos, **inseguridades** y nerviosismo. Para que me entiendas, a la especie humana en general nos apasionan dos cosas: la información y el control. Nos gusta **saberlo todo**, anhelamos entender por qué pasan las cosas y cómo funcionan, porque eso nos ayuda a predecirlas. Y el poder predecirlas nos reconforta y nos proporciona calma. Y no solo eso, también nos permite **controlarlas**: por ejemplo, no podríamos evitar mojarnos si no entendiéramos que unos nubarrones negros significan que va a llover en breve.

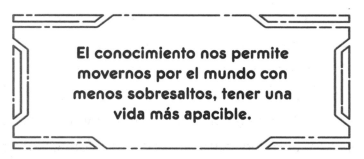

El conocimiento nos permite movernos por el mundo con menos sobresaltos, tener una vida más apacible.

Y claro, ¿qué pasa?, pues que este *final boss* tiene la capacidad de, justamente, arrebatarnos las dos cosas que más nos gustan a las personas: ni podemos saber nada sobre él ni podemos controlar cómo se desenvuelve. Por supuesto, hay cosas que ni siquiera el futuro puede ocultarnos: si tienes fobia a las agujas, seguro que no acabas trabajando de enfermera. Yo, por mi parte, estoy bastante convencida de que no acabaré casada con Belén Esteban, por ejemplo (las dos somos muy bravas, no encajaríamos). Y también pondría la mano en el fuego por que no voy a acabar viviendo en Londres: un día con lluvia está chuli, dos días seguidos también es aceptable. Pero cuando paso más de tres días sin ver el sol, empiezo a querer anular mi suscripción a la existencia terrenal. No obstante, estas cosas son solo pequeños detalles, y tampoco podemos estar seguras al cien por cien de que se darán así. El resto de las opciones están abiertas, y es que hay miles y millones de ellas. Además, el **futuro** es un comediante profesional, y le encanta sorprendernos con cosas que rozan, muchas veces, lo **surrealista**. Asusta un poquito, la verdad.

Pero no te preocupes, porque como ya sabes, en este manual te entreno para plantar cara a todos los jefes finales que te puedas encontrar, por muy formidables que sean. El primer paso, siempre, es informarnos sobre nuestro contrincante. Las herramientas de las que se servirá el futuro para atacarnos son las siguientes:

★ *Miedo al fracaso: este esbirro es similar a una sanguijuela de río. Se aferra a tus pantorrillas, te hace sentirte débil y pequeña, avanzar con pasitos inseguros y dudar de cada ruta que tomas. Se alimenta de la energía y la autoconfianza de aquellas personas que dejan que este parásito permanezca mucho tiempo pegado a sus piernas. Si permites que se haga demasiado grande, acabarás a su merced: quedándote en un trabajo que te amarga por si acaso no encuentras algo mejor, estudiando algo que te aburre porque «tiene muchas salidas», no mudándote a ese país que tanto te llama la atención porque es un cambio demasiado grande... Este esbirro tiene un objetivo muy concreto: que no salgas de tu zona de confort. Que no te atrevas ni siquiera a intentar ir por determinados caminos. Que te* guíes con una brújula que señala siempre la ruta más fácil y práctica, la que tiene menos riesgos.

Y no me malinterpretes: como buena sanguijuela, este esbirro no tiene por qué ser perjudicial. A veces incluso te puede ayudar a curar alguna que otra infección o moretón. El miedo es una emoción humana y, como toda emoción, tiene su utilidad. Nos ayuda a escoger, a esquivar amenazas y, en definitiva, a sobrevivir: pero hay un punto de inflexión en el que el miedo deja de ser útil. Úsalo para evitar tropezones innecesarios, pero que no te paralice hasta tal punto que no puedas avanzar. Digamos que es un escudo y un esbirro maléfico al mismo tiempo. Y tienes que hacerle un análisis en profundidad para darte cuenta de cuál es.

«Ahí no conseguirás trabajo», «Eso no tiene salidas», te dicen, dándole alas a este esbirro tan malvado. Pues salidas tiene lo que te gusta porque es lo que quieres hacer, porque es lo que no te amarga y no te tiene toda la vida en un callejón sin salida en el que no sabes ni por qué te has metido. El miedo al fracaso te frena de forma más o menos razonable cuando se te cruza por la cabeza la idea de mudarte a Honolulu y dedicarte a pescar para ganarte la vida: tía, te da náuseas el olor a gamba, por ahí no es. Pero cuando te frena tanto que no te mueves de tu zona de confort, por muy amargada que estés, ahí es momento de arrancarse las sanguijuelas y andar según tu propio criterio.

★ **Comparaciones:** este esbirro usa su magia para hacerte pensar que todo lo que tienes, decides y haces está mal y es insuficiente. Tu prima Mari Pili entró en Medicina, tu hermano mayor ha hecho una carrera de ciencias «más difícil», esta persona habla tres idiomas, ha hecho cuatro cursos y ha salvado gatos en la India... De repente, parece que todo el mundo se gestiona mejor que tú. Te da la sensación de que vas a pasar el resto de tus días durmiendo bajo un puente y acosando a viejecitas por la calle para que te den un euro.

Esta criatura es bastante cabrona, porque claro, con el vecino del quinto, que se pasa el día rascándose el glúteo derecho y que no se sabe ni la tabla del cinco, no te compara. Te compara con la niña que acaba de salir en las noticias por ganar un Nobel a los tres años. Y tampoco compara tus talentos con los de los demás, *obviously*, solo tus debilidades. A lo mejor Mari Pili, la médica, no sabe pintar ni un monigote y tú haces un bodegón con los ojos cerrados, pero claro, ella sabe memorizarse un párrafo en cinco minutos y tú no. Eso debe significar que eres el peor ser humano de la faz de la Tierra y que vas a morir de inanición y sífilis en máximo cinco años.

★ **Cánones:** se trata de conjuros que modifican tu visión, la hacen borrosa y limitada. Impiden que veas con claridad todas las rutas que puedes tomar, y te obligan a centrar tu atención en tan solo unas pocas. Un ejemplo de los efectos de estos conjuros es la concepción que tenemos de que solo hay dos posibilidades al acabar el insti: universidad o mendigar por las calles. Bueno, y que tampoco se te ocurra meterte en una carrera de artes, que eso es peor que no ir a la universidad.

No nos damos ni cuenta, pero la sociedad nos bombardea constantemente con un determinado tipo de información. Acabamos creyendo que las opciones que podemos seguir en el futuro son pocas, y que unas son mucho más correctas que otras. Nos inculcan que la única forma de no ser un parásito para la sociedad es sacarte la carrera, tal vez un máster, y trabajar de algo como médica, abogada o ingeniera. Nos acabamos guiando por lo que esperan las demás de nosotras y la mayoría de las veces eso no coincide con lo que se nos da bien y nos hace felices. Pero te digo una cosa, y espero que se te grabe a fuego en la cabeza: la forma de convertirte en una persona de provecho no es hacer felices a las demás, sino hacerte feliz a ti. Estar satisfecha con tu vida.

★ **Metamorfosis:** al futuro, como a los *boggarts* de Harry Potter, nunca se le ha visto con su apariencia real. Cambia de forma según la heroína a la que se enfrente, y también según el momento en el que se le cruce. Esta característica es muy peligrosa, porque estos cambios de aspecto pueden hacer que no te des cuenta de que te estás enfrentando al mismo enemigo que en el pasado. Y que no te des cuenta implica que no se te ocurra usar las armas que ya habías adquirido y empleado antes para derrotar a este *final boss*.

Se te puede presentar cuando tengas que decidir qué carrera hacer (si es que la haces), qué trabajo perseguir, en qué lugar vivir... Y tratará siempre de adoptar la forma más aterradora para ti. En ese momento, es fundamental que sepas darte cuenta de que esta forma es una mera ilusión, pues en el fondo sigue siendo el mismo enemigo. Esto significa que, aunque siempre se transformará en aquello que más te aterre en ese momento, si haces un esfuerzo mental y miras más allá, sabrás ver a través de él. Es el mismo contrincante del pasado, solo que con un aspecto diferente: ya lo has derrotado antes, ya tienes las armas necesarias para ello. Y si ya lo venciste una vez, se presente las veces que se presente, siempre tendrás la experiencia y las herramientas necesarias para hacerle frente.

⭐ La horda de zombis, o el rebaño de ovejas, aunque eso suena menos amenazador. El **rebaño de ovejas zombis**, podríamos decir. Son esas personas que parece que solo tienen dos frases en su repertorio lingüístico, y se dedican a repetirlas hasta la saciedad: «Tienes que hacer algo que tenga salidas» y «Las jóvenes de hoy en día no sabéis lo que es trabajar». Antonia de los Mares, tiene usted el triple de mi edad: las jóvenes de hoy en día actuamos de forma distinta que cuando usted estaba en la flor de la vida, claro. Pero no es porque no trabajemos, es porque la sociedad es DIFERENTE y requiere otras cosas de nosotras. Nuestras flores son distintas, Antonia de los Mares. La mía es un girasol y la suya... pues una ortiga, según la cara que pone cada vez que habla de «la juventud». ¿Usted tuvo que empezar a trabajar a los trece años en la mina de su pueblo? Es admirable, sin duda. Pero es que ahora, además de ser bastante ilegal trabajar a esa edad, NO ES NECESARIO. Mis padres llegan a fin de mes, señora, y lo que me exigen es que saque buenas notas y no me drogue: no tiene *sentido que me compare con usted a esa edad porque crecimos en mundos totalmente diferentes.*

Este contrincante guarda muchas similitudes con la afamada criatura llamada «mosca cojonera»: es testarudo, persistente y te dan ganas de arrancarte los oídos para no escucharle nunca más. Pero no te precipites, estimada heroína, pues existen otros métodos para plantar cara a esta manada de ovejas pesás.

ARMAS Y HABILIDADES PARA LA BATALLA

Los esbirros y maleficios del **futuro** pueden llegar a ser abrumadores. Por sí solo, este enemigo ya da bastante miedo, porque es incierto y cambiante. Pero es que, encima, la peña nos mete presión sobre él de forma constante. Que si tenemos que estar **superprepara-das**, que «el mundo real» se nos va a comer vivas, que si hay paro y solo te van a coger si eres la heredera de Einstein, hablas doce idiomas, tienes siete máste-res y eres capaz de ponerle la funda al nórdico tú so-lita… Y la guinda del pastel es que ni siquiera puedes buscar un trabajo que te haga feliz y te llene: tienes que salir al mercado laboral, **agarrarte como una ga-rrapata** a la primera oportunidad que se te lance (si es de médica mejor, claro) y jamás moverte de ahí. Si resul-ta que el trabajo te mola, genial; si no, te jodes. Porque de lo contrario, te morirás de hambre y serás una vergüenza para tu familia.

Pero no debemos dejar que el imponente futuro nos afecte (al menos, no más de la cuenta). Por eso, has de armarte con diversas herramientas, conjuros y hechizos. A continuación, te los detallo:

★ *Relativizar. Es tan sencillo como relativizar. Una vez, hablando con un amigo, me dijo que su frase estrella es «nada es para tanto». Vaya, que el 90 % de las cosas que nos preocupan se solucionan antes de lo que pensamos y no nos afectan tan gravemente como esperábamos. Parece una tontería, pero si la empiezas a aplicar a tus problemas, te darás cuenta de que es mano de santo.*

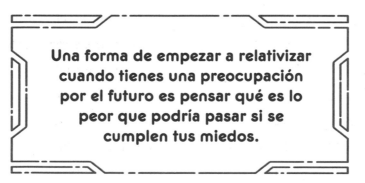

Una forma de empezar a relativizar cuando tienes una preocupación por el futuro es pensar qué es lo peor que podría pasar si se cumplen tus miedos.

¿Qué es lo peor que podría pasar si te metes en una carrera? Que no te guste. ¿Qué es lo peor que podría pasar si no te gusta? Que tengas que dejarla. ¿Y entonces? Pues, como mucho, tal vez tengas que ahorrar un tiempo para meterte en otra carrera. O tal vez se enfaden tus padres. Pero pasado un tiempo, ese enfado se

les pasará. Y, más pronto que tarde, las consecuencias negativas de escoger mal la carrera se habrán desvanecido y no estarás estudiando algo que te hace querer arrancarte los pelos de las cejas.

También te digo que, si bien aplicar esta arma para enfrentarte al futuro es algo sencillo y muy efectivo, en realidad obtenerla no es tan fácil. Es un arte que se aprende a medida que vas madurando, porque con el paso del tiempo, la vida te demuestra que la mayoría de las cosas tienen solución y que no hace falta que te estreses por todo. Y eso solo se aprende experimentando. Pero, antes o después, todas nos hacemos con esta arma: la clave está en obtenerla cuanto antes porque, si no, te tiras años rayada por cosas que no lo merecen.

⭐ **Gafas de realidad**: esta herramienta te protege de ideales irreales y te permite ver las cosas como son. Porque, créeme, las carreras, cursos y trabajos casi nunca resultan ser como te los pintan, o como te pensabas en un principio que eran (para bien y para mal).

No es oro todo lo que reluce, a veces es de Shein. Tu prima Mari Pili la de Medicina a la que le va todo superbién, es un constructo. La madre de Mari Pili, la Encarnita, cuenta lo bien que le va a su retoño... a su manera. Pero en cuanto empiezas a escarbar... Mari Pili odia Medicina, se ha tenido que gastar 400 euros al mes en clases de refuerzo y tiene la vida social de un escarabajo pelotero. Oye, pues igual ese futuro no es tan brillante ni tan maravilloso como lo pintan. Casi prefiero meterme en la carrera de Filosofía, *que aunque tenga muchas menos salidas, me gusta. Y si me gusta algo es más probable que le dedique más tiempo y esfuerzo. Así que, aunque haya pocos trabajos, a lo mejor el hecho de que este camino no me haga sentir miserable me ayuda a conseguirlos sin pegarme un tiro por el camino.*

⭐ ***Romper con la leyenda del talento:*** *la funcionalidad principal de esta arma es romper con la concepción general de que tenemos que tener clarísimo nuestros talentos y lo que nos apasiona. Que todo el mundo tiene algo que se le da excepcionalmente bien y debe basar su identidad en eso, y si no, tienes un problema y no vas a llegar a nada en la vida. El mayor peligro de este constructo que hemos creado como sociedad es que nos convence de que tenemos que «encontrarnos» como personas. Que hemos de buscar algo que ya está dentro de nosotras. Y es que esto no es así, la vida no consiste en encontrarse, consiste en crearse. En darle significado a tu vida a partir de tus esfuerzos, fortalezas y aprendizajes. Descubrir a lo que te vas a dedicar no consiste en buscar, sino en construir.*

Te voy a contar algo que la población general parece querer mantener en secreto: las personas que son tan buenas en algo que pueden basar su identidad y todas sus elecciones en eso son la excepción, no la norma. Desde luego que estaría guay que todas fuésemos así, porque nuestras decisiones serían mucho más sencillas, y sería más fácil organizarse. Pero la realidad es que la mayoría no tenemos ni puta idea de lo que nos gusta, nos interesa o se nos da bien, y vamos tanteando hasta que encontramos algo que nos mola un poquitín. Lo que tenemos son varios campos que no nos desagradan del todo, y sobre esa base vamos avanzando. Lo positivo de esto, al menos, es que cuando vas aprendiendo sobre un tema y enterándote mejor de qué va la movida, cada vez te interesa y te gusta más (o eso suele pasar). Y es así como la mayoría de la gente encuentra a qué dedicarse: las personas que saben lo que les apasiona desde pequeñitas son prácticamente leyendas urbanas.

OBSTÁCULOS EN EL CAMINO

Es bien sabido por todos que la vida, a veces, es un poco **sádica**, y le gusta hacernos sufrir. A medida que vamos avanzando hacia el futuro, a veces la caminata se puede volver un verdadero **suplicio**. A lo mejor te cuesta más avanzar porque vas cargando con una mochila que realmente no te hace falta; a veces es el propio camino el que dificulta tu marcha; en otras ocasiones, hay personas escondidas detrás de arbustos deseando saltar para hacer de algunos tramos del trayecto una verdadera tortura; o tal vez es que en vez de pillarte unas deportivas, te ha parecido una idea bestial hacer la ruta con unas chanclas de Hello Kitty de cuando tenías ocho años.

El caso es que hay una cantidad de obstáculos en este camino, que es *pa'* mear y no echar gota. A veces podemos tener ganas de tirarnos en el suelo y que nos pase por encima un tractor. Y por eso, el simple hecho de aguantar las ampollas de los pies, las agujetas de las piernas y las picaduras de mosquito, **no rendirse** y seguir andando, ya te da un valor enorme como persona. Pero claro, este manual no consiste en darte una palmadita en la espalda por tu esfuerzo, sino que pretende ayudarte a **sobrellevar** mejor este videojuego. Y, como ya sabes, la mejor forma de conseguirlo es conocer mejor a qué te vas a enfrentar.

★ *Las expectativas: las que te ponen encima y las que te pones tú. Están muy relacionadas con esos cánones de lo que «debes ser» de los que te he hablado antes. La diferencia es que los cánones están ahí, y no podemos hacer nada por remediarlo. Las expectativas son la expresión de esos cánones en ti misma, es decir, si usas los cánones para guiar tu comportamiento, si te afectan y si estás de acuerdo con ellos.*

Para describirte el efecto de las expectativas no se me ocurre mejor metáfora que una mochila. Cuando vamos a hacer una ruta, hemos de llevarla: su contenido nos es útil, porque nos permite avanzar, incluso nos guía por la senda correcta si llevamos una buena brújula (o el Google Maps). Además, el peso hace que trabajemos nuestros músculos al andar, nos fortalece.

Pero cuando hay demasiado peso, acaba por ser contraproducente. Si pesa más de la cuenta es porque llevas cosas innecesarias y la mochila te dificultará la caminata. Tal vez incluso acabes lesionándote.

Las expectativas son un poco así: son útiles, porque nos guían, nos motivan y nos hacen esforzarnos. Si no tenemos ningún tipo de aspiración para el futuro, no tendremos hacia dónde caminar, en qué esforzarnos. Y una cosa está clara, si queremos tener un futuro decente, hay que esforzarse. Pero hemos de elegir sabiamente con qué expectativas cargamos y con cuáles no; cuáles nos ayudan a evolucionar y a construirnos como personas, y cuáles vamos arrastrando solo por contentar a la gente que nos rodea, o porque es lo que la sociedad opina que es correcto.

Por ejemplo, en las redes sociales, películas, medios de comunicación e incluso en nuestro entorno cotidiano, se menciona constantemente la universidad. Se habla de ello como si no existiese otro posible camino, como si estuviese claro que todo el mundo pasará por allí, antes o después. No es que esté mal visto no ir, es que, por así decirlo, no está visto. Y está genial ir a la universidad, no me malinterpretes: yo estoy en una carrera que adoro, y, si eliges bien (en función de tus gustos y habilidades), te encantará la experiencia. Pero nos quieren hacer creer que la universidad es para todo el mundo, que la que no estudie es una vaga, y que tienes que escoger bien la carrera a la primera. Pues es que escoger bien a la primera, además de complicado, es hasta improbable; es que a lo mejor no quiero meterme en una carrera, porque no es lo mío. Y, te digan lo que te digan, es igual de válido ir a la universidad que no hacerlo. La expectativa por parte de la sociedad de que tienes que ir a la universidad no puede ser lo único que te mueva para estudiar una carrera. Ve porque te motiva, porque te interesa o porque te prepara para ese trabajo que te mola.

★ *Caminos inexplorados: cuando exploras un terreno, hay trayectos que ya han sido transitados por otras personas en múltiples ocasiones, otros que son más inusuales y otros que jamás han visto un ser humano. Por supuesto, nuestro instinto nos empuja a ir por la ruta conocida. Al fin y al cabo es la que menos riesgo implica, y sabemos a ciencia cierta que es transitable. En esto también influyen las personas que nos rodean, y que ya han estado en este terreno con anterioridad. Nos recomiendan una dirección, un destino o una senda determinada basándose en su experiencia y sus conocimientos.*

Los seres humanos nos movemos hacia aquello que conocemos, pues es lo que nos dará más posibilidades de sobrevivir. Años de evolución nos han programado para ello. No obstante, hoy en día, tenemos más libertad de acción de la que tenían nuestras antepasadas. Antes, si un día te daba por ser original y pillar un nuevo camino, lo más probable era que murieses a los dos segundos (ya fuese por una planta venenosa, un barranco inesperado o por falta de comida). Claro, la gente más imaginativa, espontánea y creativa era la primera en estirar la pata: básicamente, la evolu-

ción ha premiado durante miles y miles de años a la peña que se quedaba en su caminito conocido, porque eran las que no la palmaban. Por eso hemos desarrollado un instinto tan rígido que nos empuja a quedarnos en la zona de confort. Y ese instinto no es negativo: al igual que ya he comentado varias veces en este manual, en su justa medida, todas las emociones humanas son útiles. Pero demasiado de cualquier cosa es malo.

No puedes dejar que el hecho de que un determinado camino sea muy diferente al tuyo actual te disuada de seguirlo. Si quieres ir por ahí, si esa meta te atrae, ¿qué más da que nadie de tu entorno lo haya explorado?

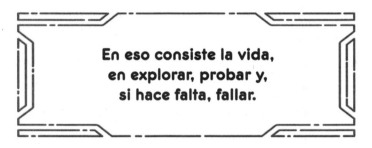

En eso consiste la vida, en explorar, probar y, si hace falta, fallar.

Actualmente, cualquier fallo nos aterra y nos parece el fin del mundo, pero tenemos más margen de maniobra del que creemos. Seguir una ruta alternativa, aunque sea incorrecta, no significa una muerte súbita. En el peor de los casos, significa que tendremos que rehacer nuestros pasos y buscar otro sendero. El miedo al fracaso (ese esbirro tan terrible del que ya te he hablado) intentará llevarte siempre por lo fácil: y lo fácil no tiene por qué ser lo incorrecto, desde luego. A lo mejor ese camino más conocido es lo que realmente te gusta y te llama. Pero a lo mejor no, y si es así, tendrás que enfrentarte a ese miedo a lo desconocido y tirar hacia donde sientes que tienes que tirar.

⭐ **El sistema** en sí, que está más obsoleto que un discman. La metáfora que más se ajustaría es la infraestructura del propio camino: si está asfaltado, si hay puentes para cruzar los ríos, si hay refugios en la ruta para las noches frías y lluviosas... Y la lástima es que, en un gran número de caminos, los puentes son de madera vieja y podrida y el mayor refugio que vas a encontrar es una zarza venenosa.

Empezando por el sistema educativo y terminando por el mundo laboral, el panorama es un verdadero circo muchas veces (hablo del caso de España porque es el sistema que conozco). Y ya sé lo que estaréis pensando algunas: que aquí estamos mucho mejor que en otros países. No os quito razón, pero estar mejor que otros países no es excusa para ciertos fallos y carencias que tenemos. Lo que no puede ser es que la gente esté saliendo del instituto conociendo el tercer apellido de todos y cada uno de los Austrias, pero que no se nos enseñe ni a hacer la declaración de la renta. Vaya, que parece que es más importante que sepa el funcionamiento del aparato excretor de los anfibios a que tenga la más mínima idea de cómo desenvolverme por el mundo. Digo yo que el hecho de que haya un porcentaje tan elevado de alumnas en España que detestan el colegio significa algo. Porque te digo una cosa: no hay nada que diferencie a las alumnas españolas de las finlandesas, esas que tanto salen en las noticias por su éxito *académico y por sacar notazas en la prueba Pisa o nosequé. Estamos hechas de la misma pasta. Si a ellas les es más fácil aprender, es porque les enseñan de otra manera. Ojalá llegue el día en que sea así aquí.*

Y dejando eso de lado, el propio sistema (la infraestructura de la ruta) ya nos empuja a unos caminos o a otros. A veces lo hace de forma tan sutil que no nos damos ni cuenta, pero existe una presión a estudiar determinada cosa, a acabar en tal trabajo porque está mejor visto, a evitar tener un tipo de vida concreto... Y en ocasiones esta presión nos puede hacer perder de vista cuál es el sendero que realmente queremos tomar.

Como ya sabes, valiente jugadora, a la hora de enfrentarte al enemigo dispones de diversos bonificadores, que **suman** a tu poder de ataque, de defensa, de agilidad... O le restan. Son una herramienta muy versátil, y el **complemento perfecto** para todas las armas que ya has adquirido. Así que presta atención, pues a continuación te desvelo aquello que te puede impulsar (o frenar) a la hora de la batalla final:

+10 en **tranquilidad** cada vez que hables con alguien que haya hecho el curso/la carrera o esté en el trabajo que te interesa para que te cuente la realidad.

−10 en **defensa** cada vez que oigas la frase «pero si eso no tiene salidas».

+10 en **ataque** cada vez que respondas a esa frase con un «lo que no va a tener salidas es tu boca porque la voy a taponar con mi pie» (es broma, es broma, no lo hagas. Pero sería supergracioso).

−20 en **paciencia** cada vez que tengas que explicarle a alguien por qué has elegido lo que has elegido para tu futuro (y +20 en **admiración** por mi parte, porque te juro que como tenga que explicarle a una persona más por qué me he metido en psicología voy a recurrir a la violencia física).

+ 20 en *badassness* por pasar olímpicamente de explicarle a nadie por qué has elegido lo que has elegido para tu futuro.

+30 en **astucia** por saber darte cuenta de que la carrera/curso/trabajo en el que estás no es para ti.

+50 «**nopasanadas**» por tener que cambiarte de carrera/curso/trabajo porque te has dado cuenta de que no era lo tuyo.

+10 en **valentía** por meterte en ese curso que tanto te llama la atención, aunque no conoces a nadie que lo haya hecho.

+100 en **valentía** por mudarte a ese país al que llevas queriendo ir desde hace un montón (aunque no sea de forma permanente).

Ha llegado la hora, heroína: has de **enfrentarte** a tu futuro. Y antes de empezar la batalla, toca pasar por la tienda. Pociones, vestimentas, mascotas divertidas… Una tienda donde quieres a la vez todo y nada, donde piensas que hay cosas que no te puedes permitir y otras que serían tirar el dinero.

Hay mucha variedad: lo más caro, que hará que seas la envidia de cierto tipo de gente; lo más asequible y práctico, que muchos criticarán porque es «lo seguro»; lo brillante, que parece que está muy guay pero que una vez lo tocas se te rompe en las manos… ¿Qué es lo que debes escoger?

Un reloj que no sabes de dónde ha salido (porque no recuerdas haberlo visto al entrar) comienza a hacer **tictac** como si su único objetivo en la existencia fuera hacértela a ti miserable.

Y tienes que hacer tu elección rápidamente, porque la tienda cierra en veinte minutos y no quieres ser esa persona que rasca hasta el último segundo del horario de apertura de un negocio y hace que las pobres personas trabajadoras tengan que llegar tarde a su casa. O asumo que no quieres ser esa persona porque no quiero que dejes de caerme bien.

La **presión** se siente en el ambiente. Esos ojos de todo el mundo clavados en tu nuca, quemándote. Tragas saliva y notas la garganta seca (¿cuándo fue la última vez que te permitiste beber agua, cielo mío?) y el pulso se te acelera tanto que notas el corazón fuera del pecho.

¿Esto u otro? ¿Todo o nada? ¿Prepararme mucho o ir a la que salga? ¿Qué me servirá más para enfrentarme a mi futuro?

La dificultad de este malo final es, por un lado, el **miedo** que nos infunde. Nunca podemos saber del todo con qué nos golpeará, qué truco se sacará de la manga, qué vuelta le dará a tu vida; si escoger una cosa y dejar ahí otra puede ser un gran **acierto** o un **error** fatal. Y el no saberlo nos aterroriza, nos sentimos totalmente a su merced, y podemos hasta perder las ganas de presentar batalla. Y es que nosotras, por muy heroínas que seamos, no podemos controlar cómo se desenvuelve el futuro. Pero sí podemos controlar cómo le **plantamos cara**.

Por otro lado, esta lucha contra el enemigo es compleja por el hecho de que no consiste solo en una batalla puntual: se va a dar múltiples veces, en los momentos más clave de tu vida. El futuro es un contrincante **persistente** y, aunque le venzas, seguirá volviendo, implacable e impredecible. Deberás luchar contra él cuando tengas que decidir qué hacer al terminar el **instituto**, cuando sea la hora de escoger trabajo, cuando tengas que decidir si te mudas o no, cuando te des cuenta de que donde estás no es donde quieres estar. Pero la ventaja de esto es que cada vez irás mejor armada para plantarle cara.

De esta forma, nuestro campo de batalla (nuestra vida, vaya, que nunca dejamos de tener un futuro ahí delante en el horizonte) se presenta como un largo sendero en medio de las montañas. Con **subidas y bajadas**, terrenos más o menos escarpados, preciosas praderas o yermos páramos, bifurcaciones en el camino, frondosa maleza… y todo lo que te puedas imaginar. Según vayas avanzando tendrás que tomar difíciles decisiones sobre qué camino tomar, soportar a las sanguijuelas del miedo, aguantar el cansancio y el dolor de piernas y sortear la horda de **ovejas zombis**, que te tratan como si fueses estúpida e intentan llevarte por el camino que ellas consideran mejor (sin tener en cuenta el camino que tú consideras mejor, claro). Pero es que, además de esto, el futuro se te irá presentando a lo largo de todo el trayecto, metamorfoseándose en una criatura distinta cada vez. Cuando resulte que tienes que decidir si te independizas, si te apuntas a este curso, si te vas de *au pair* a Francia… Ahí estará el enemigo, metiéndote miedo y generándote inseguridades.

Y es que el futuro es inmortal: por mucho que luchemos contra él, jamás conseguiremos vencerlo para siempre. Antes o después volverá a cruzarse en este largo sendero que es nuestro campo de batalla. Y menos mal, porque si no el camino sería terriblemente aburrido. El futuro es el que se encarga de dinamizar nuestras vidas, nos obliga a adaptarnos a lo que nos lanza y, en consecuencia, **aprendemos y evolucionamos**. Así que la única forma de vencer de verdad a este contrincante es superar el terror que nos provoca. No hablo de no tenerle miedo: si estás andando por un tramo superpacífico del sendero, hablando con hadas mágicas y observando las bellas flores, y de repente se te presenta un puercoespín de dos metros con los ojos desorbitados, es imposible que no te asustes un poco. Y es que la **ansiedad** por la incertidumbre que representa el futuro es algo **inherente** a nosotras, no podemos deshacernos de ella. Al contrario, nos ayuda a estar despiertas y activas para plantarle cara a esta nueva situación. La gracia está en **superar** ese terror paralizante que a veces nos provoca este enemigo y hacer las paces con él. Hacernos amigas suyas.

Porque al final, en este sendero, no podemos controlar los bichos, monstruos y criaturas que se nos cruzan. Pero podemos hacernos **colegas** de todos ellos y sacar lo mejor de ese encuentro inesperado.

NIVEL 4

UN SEGUNDO EN LA BOCA Y UNA VIDA... DE COMPLEJOS

INTRODUCCIÓN

En este nivel nos enfrentaremos a un enemigo formidable: la **alimentación**. Y es que parece una tontería. Al fin y al cabo, alimentarse es una **función básica** del ser humano. Al igual que respiramos, bebemos agüita, nos relacionamos con los demás seres de nuestra especie y ~~echamos truños como nuestra cabeza~~, también necesitamos nutrientes, «combustible», por así decirlo. No le echamos la bronca a nuestro coche por necesitar gasolina para llevarnos al trabajo. Y a nuestro cuerpo tampoco deberíamos. Pero, entonces, ¿por qué nos genera problemas a tantas de nosotras? ¿Por qué es prácticamente imposible encontrar una chavala que no se haya **rayado** con el tema comida? ¿Por qué es tan difícil tener una relación **sana** con los alimentos?

Pues por lo que nos inculcan a todas desde bien pequeñitas. Por todos los **cánones** e ideales imposibles a los que nos someten día sí y día también.

Una cosa que debes saber de la vida (si no te has dado la hostia ya) es que a nadie le parece **nunca** bien nada de lo que hagas. Nadie, nunca, nada. Las tres «N» de la vida, las tres hostias con la mano abierta.

Al principio, estas leches te van a doler mucho. Porque no te las esperas, vienen de golpe y te hacen pensar que todo lo haces **mal**. Hasta que te das cuenta de que… Eh, un momento, TODO lo hago mal.

Si como, porque como. Si no como, porque no como.

Si engordo, porque estoy engordando y me estoy descuidando. Si adelgazo, porque hay que comer, chica, que te estás quedando en los huesos.

Si me importa lo que opinen de mí, qué mal que me dejo influenciar por los demás y no tengo personalidad. Si no me importa lo que digan, soy una pasota que va de guay.

Si te vistes de manera elegante, te esfuerzas demasiado para gustar a los demás. Si te enfundas tu chándal de confianza, es que ni siquiera te esfuerzas, vaya vaga de mierda.

Si subes fotos en las que te ves guapa, eres una guarra que busca atención. Si no subes nunca nada, ¿te crees superguay por pasar de las redes sociales?

Una vez que te das cuenta de que en la vida siempre hay dos caminos, pero los dos llevan a la misma pared, dejas de correr en círculos, te abres una tumbona y te recuestas con los brazos detrás de la nuca. El problema es conseguir esa tumbona, eso sí que es difícil.

En este nivel, el **jefe final** es terrible, porque está en el aire que respiramos, el mundo en el que vivimos: es **omnipresente**, y solo con vivir en este mundo ya sufres su influencia. Dijo alguien una vez (no sé decirte quién, la verdad), «lo último que descubriría un pez es el agua», y no podía tener más razón. El peor enemigo es ese ambiente **invisible**, que no podemos tocar, en el que nos vemos obligadas a movernos.

ESBIRROS Y MALEFICIOS

¿Qué herramientas tiene este *final boss* para destruirnos? Si a los dinosaurios se los cargó un meteorito, a nosotras nos amenaza algo parecido: **la sociedad**, que al fin y al cabo arrasa con todo lo que intentas y te da una soberana leche en cuanto tratas de obviar que existe, ¿no?

Y es que la sociedad es, como el meteorito, **implacable**. En todos y cada uno de los ámbitos se nos

bombardea con la idea de que si tu cuerpo no es de una manera determinada, eres un fracaso. A veces explícitamente, pero otras (y estas son las más peligrosas) es algo más **implícito**, tanto que muchas veces no nos damos ni cuenta de que está. Pero vaya si está.

Por ejemplo, cuando te dicen «oye, has adelgazado», ¿qué es lo primero que te sale decir? «Gracias», ¿verdad? Porque tenemos metidísimo en la cabeza que eso es un cumplido.

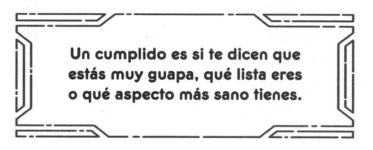

Un cumplido es si te dicen que estás muy guapa, qué lista eres o qué aspecto más sano tienes.

Pero decirte que estás delgada, si lo sacamos del contexto de esta sociedad, es una observación sobre la forma de tu cuerpo, ni positiva ni negativa. Y, sin embargo, no lo percibimos como algo neutro. Y yo soy la primera a la que me pasa esto, no creas que voy de superior.

Un ejemplo más actual: en el vídeo de Tiktok de una chica delgada bailando, los comentarios son «Qué cuerpazo», «Qué envidia», «Ojalá yo». En el vídeo de Tiktok de una chica gorda bailando: «Ojalá yo tuviera esa autoestima», «Dale, sin vergüenza». Por lo menos estos dos son bienintencionados, aunque siguen perpetuando determinados **cánones** de forma inconsciente. Porque nunca faltan, por supuesto, los «Eso no es bueno para tu salud», «Deberías cuidarte más». Pero vamos a ver, María de los Cármenes: ¿qué sabrás tú de la salud de una persona a la que solo has visto bailar? ¿El baile activa mágicamente los análisis de sangre de esa persona en los ojos de quien la ve bailando? Es que a lo mejor la gorda come de una manera superequilibrada y hace deporte todos los días, y la delgada se alimenta a base de McAitanas, no se mueve del sofá e ingiere cantidades masivas de diversas drogas. Es literalmente imposible saberlo con solo observar la **forma física** de su cuerpo.

Y la última prueba irrefutable de lo discreta (pero letal) que es la sociedad a la hora de inculcarnos determinadas ideas es que llamar **«gorda»** a una persona se sigue viendo como **ofensivo**. Que sí, que ya sé que hay gente que está intentando cambiar esa concepción y que hay un movimiento en redes al respecto. Pero, aun así, queda mucho camino por delante.

Todo esto que te he comentado son las formas que tiene este jefe final de inculcarnos silenciosamente que nuestro **cuerpo** debe tener una forma determinada. Y, después de ver las manifestaciones de su poder, tendremos que revisar las armas que usa para ello, ¿no?

⭐ *Los **estándares de belleza**: esta es la principal arma que el enemigo blandirá contra nosotras. De esta se derivan todas las demás, constituye la raíz y el origen de todos los ataques que tendremos que afrontar en este nivel. Además, esta arma tiene la capacidad de transformarse, hasta tal punto que puedes llegar a pensar que se está riendo de ti. Y es que lo está haciendo: justo cuando crees que te has acostumbrado a que tenga un aspecto, ¡va y cambia!*

En un momento se lleva estar superdelgada pero con un pecho impresionante, ahora mejor sin el pecho, solo superdelgada, ahora con un montón de curvas, ahora con una cintura de dos centímetros pero con un culo como Saturno... Cambia cada poco tiempo y, claro, nos volvemos locas. Al final, las únicas que pueden seguir este ritmo son las que tienen mucha pasta, porque o pueden operarse para lucir así o tienen tiempo para matarse a ejercicios que les permitan obtener ese cuerpo. Pero la gente de a pie, desde luego, no es capaz de ajustarse a tales exigencias.

El funcionamiento de esta arma es, explicado de forma simple, convencerte de que solo hay una forma de cuerpo válida: cualquiera que no sea la tuya. Porque esta forma de cuerpo (toque la que toque en ese momento) siempre tiene algo en común: es prácticamente imposible de conseguir. A menos que la tengas por genética, pero la gracia está en que, si no la tienes, eres una mierda. O sea, el discurso es el siguiente: si no tienes aquello a lo que solo un 1 % de la población puede acceder, siéntete mal porque no vales nada. Suena ridículo, ¿verdad? Pues nos lo comemos con patatas.

Ni las propias modelos son como salen en los medios. Han salido miles de testimonios de chicas que no se reconocen en sus propias fotos, a las que han Photoshopeado hasta dejarlas totalmente cambiadas. Ya no es solo que, según la constitución con la que nazcas, te vaya a ser imposible llegar a tener X tipo de cuerpo, sino que además tendríamos que operarnos para poder parecernos a los efectos digitales con los que modifican todo lo que nos llega a los ojos.

★ *La **cultura de la dieta**: este es el maleficio que se encarga de que equiparemos una forma de cuerpo determinada a la salud y al éxito. Reduce todo lo que eres como persona a tu peso, quitándole valor a tus éxitos y añadiéndoselo a tus fracasos si no tienes el tamaño y forma que te dicen que tienes que tener.*

Pero no se queda solo ahí, claro: para alcanzar ese cuerpo ideal y no ser una mierda de persona, has de ponerte a dieta. Debes comprar ochocientos suplementos, que te cuestan un ojo de la cara y que no tienen eficacia demostrada, matarte a hacer ejercicio cada vez que ingieres el más mínimo carbohidrato y consumir solo determinados tipos de alimentos. Nos meten por los ojos la comida basura y las comodidades únicamente para luego gritar-

nos a la cara que somos horribles y vendernos productos «mila-grosos» para adelgazar.

La cultura de la dieta se manifiesta en comentarios como «Uy, he comido mucho, habrá que bajarlo», «Me puedo comer esto porque he ido al gimnasio», «Hoy no puedo desayunar, que ayer cené mucho», «Me aprietan los pantalones, hoy tengo que comer poco». Este temible hechizo nos nubla la visión y la mente, y consigue algo que parece increíble: convertir una necesidad básica del ser humano en un instrumento, en algo malo o bueno, sucio o limpio... En definitiva, nos hace pensar que la alimentación es un terrible enemigo contra el que tenemos que luchar hasta que se nos agoten las energías.

> **La cultura de la dieta nos convence de que la comida es un privilegio, algo que te tienes que ganar. Pero ¿adivina qué? La comida es un derecho. Un derecho que obtienes simplemente por estar viva. ¡Y que necesitas para seguir estándolo!**

★ Los **comentarios tóxicos** que, sorpresa sorpresa, provienen sobre todo de las amigas de mierda y de las familias tóxicas. Y es que estos *final boss* de los que ya hablamos en los primeros niveles también pueden convertirse en esbirros de este *final boss*.

Los comentarios tóxicos son un arma que se asemeja a peque-ños dardos, como ya te conté. Recibir uno puede dañarte, pero no derrotarte, y la herida que provoca es pequeña y fácil de curar. Es verdad que, a veces, si el dardo está lanzado con mucha fuerza, aterriza en un punto débil y lleva la punta cargada de veneno, puede provocar una lesión grave. Pero, por lo general, un comen-tario tóxico aislado es bastante fácil de gestionar. El problema viene cuando te están lanzando dardos de manera constante, a todas horas y sin descanso. Ahí, amiga mía, no se mantiene en pie ni la estatua de la Libertad.

Vivir tu existencia recibiendo una y otra vez críticas y opinio-nes sobre tu cuerpo que ni has pedido ni quieres recibir es ago-tador. Por muy fuerte que seas, querida heroína, comentario feo tras comentario feo, tu resistencia se agota. Es esencial que aprendas tres habilidades para hacer frente a esta terrible ar-ma: esquivar, recibir y, sobre todo, huir. Solo si aprendes a poner en práctica estas tres cosas puedes evitar que los comentarios tóxicos te dañen.

La primera habilidad consiste en intentar, en la medida de lo po-sible, que tus enemigas no te lancen estos ataques. Puedes ha-blar con ellas para que no toquen esos temas, dejar de escuchar cuando sientas que van a decir algo desagradable o pirarte del lugar donde estén, sin más.

Aun así, alguna frase de mierda recibirás: por tanto, deberás aprender también a encajarla de tal manera que en lugar de dis-minuir tu autoestima, empeore la concepción que tienes de la persona que te la ha lanzado. Así que ya sabes, si alguien te daña intencionalmente, no es que tú seas una mierda, sino que es precisamente ese alguien quien lo es. Además, siempre te queda el camino de contestar al comentario de tal forma que el enemigo quede desarmado (amiga de mierda: «Tienes el pecho como caído, ¿no?», tú: «Sí, tía, es que está intentando buscar quién te ha preguntado y como no lo encuentra se tiene que estirar»).

Por último, si estas dos técnicas no son suficientes para protegerte de esta arma, pon en práctica la última: huye. Crea la máxima distancia posible entre tú y esas personas llenas de veneno. Sé que nos han enseñado desde pequeñas que huir es de cobardes, pero créeme cuando te digo que en este caso demuestra una enorme valentía. El mero hecho de darte cuenta de que las personas que se suponía que tenían que cuidarte te están haciendo daño ya es admirable. Pero ¿tener la fuerza suficiente para alejarte de ellas? Es que directamente te beso los pies.

★ Las **redes sociales**: sin lugar a dudas, el arma más temible que posee nuestro contrincante. Es el canal por el cual la sociedad nos inculca todos los cánones imposibles y los ideales inalcanzables. Nos bombardea con miles y millones de imágenes de cuerpos que tienen una forma concreta, hasta tal punto que acabamos creyendo que esa forma es la natural y la válida. Y, claro, todo lo que se salga de ahí, está mal.

Lo peligroso de las redes sociales es que se puede elegir lo que se publica. De entre el montón de fotos que se ha hecho esta modelo que sigues, tú solo ves aquella en la que sale más favorecida. La foto en la que sale bizca, en la que se traga un bicho sin querer o en la que no está conteniendo el aire para tener un abdomen plano... esas jamás saldrán a la luz.

Y, claro, ya si nos metemos por las oscuras ciénagas del Picsart y el Photoshop, la hemos liado parda. Porque no es solo que se haya seguido un proceso casi matemático para escoger la foto que más se ajuste a los cánones del cuerpo perfecto, sino que esa foto ha sido digitalmente modificada hasta tal punto que no se parece en nada a la original.

Y es que el 99 % del contenido de las redes es esto: una foto escogida con cuidado, photoshopeada hasta las trancas, para hacer que la persona que aparece tenga el cuerpo más canónicamente perfecto posible. Por supuesto, hay bastantes personas en redes que tratan de luchar contra esta mala costumbre de solo subir lo «bonito». Pero por desgracia, lo que más se ve no es esto.

Por eso has de tener extrema precaución con las redes sociales, querida protagonista. Entiendo que alejarte por completo de ellas es duro, porque todo el mundo que te rodea las usa como modo de comunicación. No obstante, tu guardia debe estar muy alta cuando te expongas a ellas: nada es lo que parece, y la perfección que ves es solo aparente. En esta ocasión no puedes fiarte de lo que te entre por los ojos. Respétate, a ti y a la forma de cuerpo que tienes, por diferente que sea del cuerpo de la influencer de turno (o del cuerpo que ella muestra en su Instagram, que ya hemos visto que no es lo mismo).

Porque no sé a ti, pero a mí me parece una locura absoluta que nos convenzan de que por tener curvas en un lugar u otro, nuestro cuerpo es correcto o incorrecto. ¿Quién ha decidido esta división? Que venga aquí, que vamos a tener unas palabritas.

ARMAS Y HABILIDADES PARA LA BATALLA

En el caso de los niveles 1 y 2, donde los jefes finales eran las amigas de mierda y la familia, poseíamos la ventaja de que no todas las heroínas tendrán que enfrentarse a ello. Por suerte, existen familias maravillosas y estructuradas y amigas que siempre están para ti y te convierten en la mejor versión de ti misma. No todas tenéis que cargar con el peso que supone ser atacada por alguno de estos *final bosses*.

Pero el problema ahora es que **todas** tendremos que enfrentarnos al jefe final de este nivel, antes o después. Porque está en el aire que respiramos, en lo que nuestros sentidos perciben, en todos los ámbitos de nuestra vida. Este enemigo final nos ataca a todas, así que todas debemos estar **preparadas** para hacerle frente. No es como si pudieras elegir alejar la alimentación de tu vida para dejar de rayarte, porque claro, te acabas yendo al otro barrio. Y en ese me han contado que no hay Netflix. Es algo a lo que todas tenemos que exponernos, y es muy difícil encontrar un **equilibrio** y una relación sana con ello. Por eso, ahora más que nunca, has de armarte de pies a cabeza, pues esta batalla hay que librarla sí o sí (y también hay que ganarla si quieres tener algún tipo de paz mental en tu vida).

★ *Diversificar tus referentes: al final, amiga mía, los cánones son un constructo, algo cambiante. Mira el Barroco, en el que se consideraba divino llevar una peluca blanca de la altura de la torre Eiffel y con el peso de un elefante recién nacido. Debía dar unas contracturas de caballo y, según estudios, no las lavaban en meses, hasta el punto de que diversas criaturas (ratas) vivían en estas marañas de pelo artificial. Pero como era la moda, todo el mundo se mataba por tenerlas. En la Edad Media, las mujeres se quitaban las cejas y las pestañas (cómo lo hacían, ni lo sé ni quiero saberlo) para que sus frentes parecieran más grandes. De 1600 a 1800, las japonesas se teñían los dientes de negro, pues era un símbolo de belleza.*

Y tú dirás: ¡qué locura! ¿Cómo podían hacer eso? Pero plantéate una cosa: ¿qué pensarán en unos años, cuando el canon de cuerpo ideal sea tener forma de manzana, de que hubiera gente que se gastaba miles de euros en parecer un fideo en algunas partes y una foca antártica en otras? Ahora no nos parece tanta locura porque nos han criado en ese ideal, nos han convencido de que lo único correcto es tener un determinado tipo de cuerpo. Pero, aunque no lo sepamos ver, es un sinsentido igual que el de las pelucas.

Por eso es fundamental diversificar tus referentes. Entiendo que lo que te sale de primeras es seguir a las influencers de Instagram más canónicas: delgaditas, con muchas curvas, el culo respingón... Porque te han enseñado a que eso te parezca bonito, y los seres humanos preferimos mirar cosas que nos parezcan bonitas. Pero recuerda, te lo han ENSEÑADO, e igual que has aprendido eso puedes aprender que el único cuerpo válido no es el de Kendall Jenner, sino el de la vecina del quinto, el de tu madre y sobre todo... el tuyo.

La percepción humana es subjetiva y cambiante. Lo que tú percibes del mundo, a lo que le prestas atención, todo eso está moldeado por tus aprendizajes, experiencias y sentimientos. Si me expones a mí y a una fanática del fengshui ante una misma habitación, a lo mejor yo percibo esa estancia como maravillosa porque tiene una cama cómoda y mucha luz, y la fanática se horroriza porque la energía de ese espacio es una basura. Exponerte de forma constante a un solo tipo de constitución física hace que tu percepción se «amolde» a ella, acostumbras a tu cerebro a esa forma, por así decirlo. Esta es la razón por la que cuando ves cualquier cosa que se sale en lo más mínimo de ese canon tan rígido, te parece feo. Pero si empiezas a seguir a chicas con diferentes cuerpos, entonces es mucho más fácil aprender a ver el tuyo como normal, válido y bello. Cuando empieces a apreciar estas constituciones como lo que son, belleza pura, será más sencillo que traslades esta percepción a ti misma. Además, así nos damos cuenta de que no tiene nada de malo ser de diferentes maneras: todo lo contrario, es precioso que tengamos esta diversidad tan maravillosa.

★ **Mirarte a menudo y con ganas:** esta arma es fundamental. Como ya te he contado, querida heroína, la percepción es moldeable. E igual que la has moldeado para concebir el cuerpo de las modelos de pasarela como el mejor, la puedes moldear para concebir EL TUYO como ideal. Y esto solo lo vas a conseguir cuando puedas mirarte al espejo y respetarte, quererte y admirarte. Por mucho que diversifiques tus referentes, si no te tomas a ti misma como uno de estos referentes válidos y bellos, ¿de qué sirve?

Nos convencen de que, si no nos gusta lo que vemos en el espejo, es culpa nuestra: porque comemos demasiado, porque no hacemos suficiente deporte, porque no tomamos nosequé suplemento. Pero te voy a hacer una revelación enorme: nuestro cuerpo hace muchísimo por nosotras. Digiere alimentos, nos permite ver paisajes, nos permite abrazar a nuestros seres queridos, escuchar nuestra canción favorita, viajar, cantar, bailar, correr... y miles de cosas más. Lo normal sería que nos encantase lo que vemos en el espejo, independientemente de la forma que tenga. Si no es así es porque nos están imponiendo que el aspecto de nuestro cuerpo tiene que ser de una determinada manera. Y esta determinada manera son unos cánones arbitrarios, que cambian cada X tiempo y que no se basan en nada que tenga sentido.

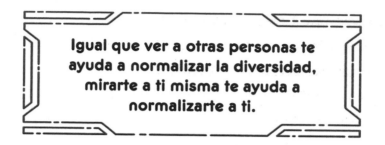

Igual que ver a otras personas te ayuda a normalizar la diversidad, mirarte a ti misma te ayuda a normalizarte a ti.

Cuando pasamos mucho tiempo evitando mirarnos al espejo u ocultando esas partes de nosotras que no nos gustan demasiado (lo que odiamos), tenemos un *shock* enorme cada vez que nos encontramos con nuestro reflejo. Y el principal responsable de este *shock* son las *self corrections*... Pero te hablaré de ellas en el apartado de obstáculos, pues eso es lo que son.

★ **Rodearte de gente sana:** *si ya has completado el nivel 1 con éxito, derrotado a su* final boss *y aprendido a establecer tus límites, no tienes más que sacar el arsenal de armas que ya adquiriste ahí. Y es que, como sabe cualquier abuela española de bien, «dime con quién andas y te diré quién eres», o dicho en castellano, que la peña con la que pasas más tiempo es la que más influye en tu forma de ser.*

Si te rodeas de gente a la que le gusta pintar, lo más probable es que hablen un montón sobre ello, te inviten a quedadas en museos y te enseñen técnicas de dibujo. Y no hace falta ser una genia para adivinar que, seguramente, tu interés por el arte aumentará.

Refiriéndonos a lo que nos ocupa en este nivel: si te rodeas de gente que no hace más que criticar los cuerpos de las demás, que considera que tu valía se basa en tu constitución física y que solo habla de dietas y deporte, ¿qué pasará? Lo has adivinado: acabarás absorbiendo esa forma de pensar.

Y no me malinterpretes: a lo mejor no son malas personas, sino unas víctimas más de la cultura de la dieta y de los rígidos cánones de belleza. A lo mejor lo que necesitan es ayuda para darse cuenta de que por ese camino se hacen daño, y está genial que tú intentes dársela, que trates de hacerles ver que el físico de las revistas no existe y que, de hecho, es imposible de alcanzar. No obstante, si llega un momento en el que ves que su punto de vista es inamovible, y que intentar convencerlas para que lo cambien te va a resultar más perjudicial que beneficioso, entonces aléjate. Por duro que parezca. Porque lo que te mereces es gente que te recuerde lo guapa que eres, que te vea con un atardecer bonito de fondo y no pueda resistirse a sacarte una foto. Personas que no están obsesionadas con su físico o que, si lo están, son conscientes y están trabajando en ello. En definitiva, personas que te hagan sentir bien y que te ayuden a emprender el camino hacia enamorarte de ti misma.

⭐ **No compararte:** se trata de un contraconjuro muy poderoso. Revierte los efectos de terribles maleficios como la cultura de la dieta o los cánones de belleza. Y es que siempre nos percibimos a nosotras mismas con peores ojos que con los que miramos a las demás. Juzgamos nuestras «imperfecciones» (lo que nos han enseñado que son imperfecciones, vaya) con más dureza, nos machacamos mucho más y restamos importancia a las cosas positivas. O no te ha sorprendido alguna vez descubrir que Mari Pili, la tía con la que te comparas todo el rato, tiene tantos o más complejos que tú.

Por desgracia, todas y cada una de nosotras tenemos inseguridades físicas, porque siempre encontramos algo en nuestro cuerpo que no encaja con el canon establecido. Si no lo encontramos, nos lo inventamos. Y aunque este algo sea extremadamente pequeño, incluso inexistente, nos torturamos con ello y dejamos que mine nuestro estado de ánimo y nuestra valía personal.

Es que María tiene el culo más levantado, es que las caderas de Sofía son más bonitas, es que la cintura de Lorena... Te voy a decir una cosa, querida mía: estoy segura de que estas chicas con las que te comparas no piensan para sus adentros «ja ja, mira qué cuerpazo tengo en comparación con esta pringada» (y si lo hacen, lo más seguro es que sean personas terribles con una personalidad más fea que una nevera por detrás). Lo que pensarán ellas es que X parte de su cuerpo es mucho más fea que la tuya, o que la de la vecina, o que la de la tía de nosequién. Yo propongo algo: ¿por qué no, en vez de estar todas tristes por compararnos con las que nos rodean, dejamos de flagelarnos y nos centramos en encontrar la belleza en cada forma, peso y altura?

Una última cosa: no voy a negar que va a haber personas que tengan un cuerpo más canónico que el tuyo, por supuesto. Que se ajusten más a lo que dicta la sociedad que es bello, ya sea por genética, dieta, deporte o dinero. A veces es complicado aceptar que tu amiga Pepa liga más que tú porque tiene un cuerpo más normativo, pero si puedes centrarte en que simplemente su belleza es distinta de la tuya, serás mucho más feliz.

Vamos, no he visto a nadie comparar un cuadro impresionista de Sorolla con uno barroco de Velázquez para ver cuál es más bonito. Tal vez se compare el uso de la luz, de los colores, las pinceladas y los detalles, pero nunca con afán de decidir cuál es mejor. Ambos son arte, un arte completamente diferente, pero igual de bello.

★ *Self talk*: se trata de una armadura, una línea de defensa esencial en tu batalla contra el enemigo final. El hándicap (o la ventaja, según como lo quieras ver) es que esta armadura debes fabricarla tú misma.

Si cada vez que te cruzas a una persona le dices: «¡Vaya culo carpeta!», «Qué lorzas tan feas», «Deberías comer menos»…, le vas a acabar cayendo como una patada, no tengas ninguna duda. Y es que las humanas funcionamos así: si alguien nos dice cosas feas, nos llevaremos mal con esa persona. Si nos dice cosas bonitas, nos llevaremos genial. Y no solo eso, sino que, si nos lo repite lo suficiente, nos lo acabamos creyendo. Es así de sencillo.

Pues tu relación contigo misma funciona exactamente igual. Si te dices todo el rato que tu cuerpo es feo, que no deberías estar tan gorda o que ojalá una parte concreta de ti fuese diferente, te

vas a llevar fatal contigo. Te vas a odiar, y tu percepción de tu físi-
co va a ser horrible, porque te has repetido cosas feas tantas
veces que te las has acabado creyendo.

Y créeme, yo sé que, tras años de torturarte, parece imposible
mirar tu cuerpo en el espejo y pensar que es precioso. Pero hay
que empezar por alguna parte: al principio te parecerá super-
forzado, porque lo que te sale es fijarte de nuevo en esas «im-
perfecciones» que te ves. Pero que parezca forzado no significa
que esté mal. Piensa en ello como un músculo que tienes que
fortalecer: al principio, cuesta mucho esfuerzo levantar 5 kg.
Pero si eres constante, en un tiempo parecerás Hércules. La
próxima vez que estés frente al espejo, piensa frases que para ti
son un cumplido: «Qué cuerpazo», «Vaya culo sabrosón», «Qué
bonitos son mis brazos». Aunque no te las creas, aunque una
parte de ti se burle de esas frases porque no se las cree. Si si-
gues por ese camino, y cada vez que te miras omites esos insul-
tos sustituyéndolos por cumplidos, con el tiempo no quedarán
más que cumplidos. Y tu percepción, moldeable como es, tam-
bién se ajustará a eso. Al final, te acabarás viendo como la diosa
sorprendente, curvilínea y elocuente que eres.

OBSTÁCULOS EN EL CAMINO

Por supuesto, a la batalla contra el *final boss* no vas a
acceder sin antes superar una serie de obstáculos.

Porque rara vez la vida es fácil, pero eso ya lo has descubierto tú solita, ¿verdad? No obstante, por engorroso que sea, superar obstáculos siempre es algo positivo. No porque dejes atrás ese bache, que también, sino porque aprendes mucho, te fortaleces y ves determinadas cosas con otros ojos.

Sigue siendo una mierda encontrarte con obstáculos, tampoco te voy a mentir. Así que, para que al menos vayas prevenida, aquí te detallo con qué te puedes cruzar:

★ *El «qué dirán»: te pasas la vida escuchando a todas tus conocidas criticarse mutuamente, de manera que tardas diez segundos exactos en darte cuenta de que, si de Fulanito han dicho esto, de ti cuando te des la vuelta van a decir algo, fijo. Entonces te empiezas a rayar a muerte con qué podrían decir de ti en cuanto te pires y comienzas a dirigir todos tus esfuerzos a evitar que sea algo malo.*

Esto afecta en ámbitos mucho más amplios, pero en este caso concreto me refiero a cuando vas a la piscina con tus amigas y se ríen de la celulitis de una pobre chica. Tú piensas, «hostia, si yo tengo el doble que ella» (aunque no sea verdad). ¡Problemón! Y ahí empiezas a fustigar a tu cuerpo por tener determinadas texturas.

Claro, es lógico: mejor odiar tu cuerpo por la forma que tiene que darte cuenta de que estas chicas son un poquitín imbéciles, ¿no?

Porque créeme, corazón, celulitis tenemos todas, y la biología lo confirma. La grasa se almacena de esa forma en esa zona del cuerpo porque es lo más eficiente para nuestro organismo, así de simple. Pero yo entiendo que es confuso porque luego abres una revista, miras una película o ves a Jennifer Lopez en un anuncio y no tienen absolutamente nada.

Plantéate esto: si en las pelis de Piratas del Caribe *han sido capaces de hacer que un tío tenga cara de pulpo a la gallega, ¿será tan difícil hacer que las piernas de la modelo de turno parezcan la carita de un bebé? Pero claro, si te hacen creer que la celulitis es fea y solo la tienen las pringadas vagas que comen mal, es la oportunidad perfecta para intentar colarte un producto que lo «solucione». ¡Sesiones láser para eliminar la piel de naranja! ¡Crema masajeadora para esos muslos horribles! ¡Masaje tailandés milagroso para que tu culo no dé puto asco!*

Pero, bueno, que me desvío del tema. La cuestión es que las críticas dan miedo, porque somos seres sociales, es decir, solo sobrevivimos si estamos en un grupo (en este caso, la sociedad). Ha sido así desde que vivíamos en cuevas, así que la evolución nos ha enseñado a preocuparnos por nuestra posición en dicho grupo.

Al final, siempre habrá gente que criticará tu cuerpo. Tenga la forma, textura o color que tenga, aunque no tengan motivo para ello, aunque lo que critiquen lo tengan ellas también. Y sé que esto da miedo, porque las críticas duelen. Pero como te he contado al principio, en esta vida te van a llover críticas hagas lo que hagas. E intentar hacer que pare una lluvia no solo es estúpido, sino tam-

bién imposible. Así que abre un paraguas y sigue tu camino pacíficamente: con el tiempo, aprenderás a que la lluvia no te moleste. ¿Has visto a Tom Holland bailando «Singing in the Rain»? Pues eso.

★ El espejo: ¡qué miedo da! Porque dice ser el más sincero de los artefactos, pero ¿es esto realmente así? ¿Nos devuelve la imagen tal y como es? Pues por mucho que te sorprenda, la respuesta es no. Supongo que te acordarás de lo que te he contado, que la percepción no es objetiva. No percibimos el mundo tal y como es ni lo vemos igual que lo ven todos los demás: esto está moldeado por nuestra genética, nuestras experiencias y nuestros aprendizajes.

Al ver una peli, una tía que sea música se fijará mucho en la banda sonora y en cómo influye esta en la historia. Una persona con estudios de comunicación audiovisual se fijará en la fotografía, el uso de los colores y la colocación de las cámaras, y a lo mejor ni presta atención a la música. Una tía que se haya leído el libro en el que se basa la peli se fijará muchísimo en el guion y en cómo cambia de una versión a otra: la fotografía y la música le pasarán inadvertidas. Al terminar la película, tendrán una conversación del palo: «Brutal la importancia que tiene la música para crear ambiente», «Qué dices, para nada. Crean ambiente colocando las fuentes de luz en lugares estratégicos», «Estáis locas, la historia es dramática por las frases estelares de los protagonistas».

No me cansaré de repetírtelo, lo que observas no es lo que es, al menos no del todo. Y el problema es que muchas veces esto nos hace vernos deformadas en el espejo, percibir nuestro cuerpo como amorfo y terriblemente feo. Mis caderas tienen una forma horrible, mi cintura es enorme, tengo los brazos caídos...

A lo mejor esto no debería contarlo, pero siento que tengo que hacerlo. Yo fui a un psicólogo durante bastante tiempo, y uno de los varios problemas que tratábamos eran los complejos físicos. Un día hicimos un ejercicio: me pidió que dibujara en la pizarra a mano alzada la silueta que creía que mi cuerpo tenía, a escala real. Luego me hizo apoyarme en la pizarra, y dibujamos la silueta que tenía de verdad. No voy a entrar en detalles, pero no tenía nada que ver.

Nuestro cerebro nos juega malas pasadas, y esto se debe a que tenemos pensamientos muy negativos de nuestro físico, y por eso lo percibimos de forma distorsionada. Pero lo bueno de que la percepción sea moldeable es que, igual que puede ser nuestra peor enemiga, también se puede convertir en nuestra mayor aliada. Cuando tienes complejos e inseguridades, tu percepción te devuelve una imagen de tu cuerpo acorde a ello. Si te torturas con lo plano que es tu culo, lo verás más plano de lo que es. Por el contrario, si constantemente te repites que adoras tu culo y que es precioso, te prometo que antes o después te acabará encantando cuando te lo veas en el espejo. Aunque al principio no te lo creas, te acabarás convenciendo a ti misma.

★   Y relacionado con todo esto, quiero hablar un momentín sobre las *self-corrections*, las correcciones en el espejo. Para que me entiendas, las *self-corrections* son esos gestos y modificaciones que hacemos cuando estamos mirándonos el cuerpo: meter tripa, sacar culo, agarrarnos la chicha para que parezca que tenemos menos, posar de determinada manera para que, momentáneamente, nuestro cuerpo parezca más canónico... Y es que no hay mayor obstáculo que este, no existe mayor veneno para la autoestima y la salud mental. Esto, que parece tan inocente por ser un cambio que dura unos segundos, te hace despreciar la verdadera forma de tu cuerpo. Es una manera patente de decirte a ti misma que tu constitución actual no es la que tendría que ser.

Al igual que antes te he propuesto el pequeño ejercicio de sustituir las frases negativas sobre tu aspecto por cumplidos, te propongo también unos «deberes» para superar el obstáculo de las *self-corrections*: cuando te mires en el espejo, no pongas la espalda rígida, aprietes los abdominales y saques culo. Porque tu cuerpo, de forma normal, no es así, te guste o no. Y el primer paso para darse cuenta de que es igual de válido y bello que cualquier otro es aceptarlo tal cual es, tal cual se le ve en el espejo. Al principio, como todo en este nivel, cuesta. Pero a medida que vayas haciendo este ejercicio, cada vez te saldrá más natural, cada vez te será más fácil mirar tu cuerpo sin juzgarlo ni criticarlo. Y ese es el principio del camino para enamorarte de él.

★ *Las **profesionales de mierda**: aquí no me voy a detener mucho, porque es un tema controvertido, y para nada quiero decir que las médicas/endocrinas/nutricionistas sean malvadas.*

Pero vamos, que cuando una persona está gorda (o ni eso, basta con que pese más que la media) lo primero que se le recomiende sea que no coma tanto... Y tú en plan «Pero que yo vengo por migrañas», «Eso es por obesa seguro», «Señora, que mi IMC está bien», «Es que vaya lorzas, tía», «Pero que mi migraña es genéti...», «MADRE MÍA, Y MIRA LA PAPADA, QUÉ VERGÜENZA». Bueno, así tal cual no se da, pero casi.

Esas endocrinas que te intentan colar la dieta de la alcachofa porque «tienes que bajar peso lo antes posible» sin siquiera echarte dos vistazos. Esas «médicas» que te intentan colar un plan milagroso que cuesta «solo» 10 euros al día y que te dicen que, si no lo haces, no te va a funcionar nada. Señor, si yo tuviera 10 euros al día que derrochar no me estaría comprando las compresas de Hacendado, así se lo digo.

Spoiler alert: adelgazar no lo soluciona todo. De hecho, soluciona pocas cosas, aunque todo el mundo parece empeñado en convencernos de lo contrario.

★ El ligar: una buena vallita que te puedes encontrar en el camino a quererte es pensar que si no cedes, si no bajas la cabeza y haces lo que cualquier buena ovejita tiene que hacer en esta sociedad, nadie te va a querer nunca. Y eso no es verdad, corazón. Hay muchísima gente por el mundo que te va a adorar como si cada paso que dieras encendiera las luces de Navidad de toda España.

Al final, el aspecto vale para más bien poco, aunque no te lo creas. Es verdad que, nada más conocer a una persona, es lo único visible. No puedes saber la personalidad de una chavala si te la acaban de presentar, pero sí puedes ver si su aspecto es canónico o no. Por desgracia, si encajas más con lo que es normativo a nivel físico, de primeras te tratan bastante mejor. Y por eso precisamente el ligar te puede suponer un obstáculo. Porque cuando sales al bar de tu barrio, si tu cuerpo no encaja en los estereotipos, lo más seguro es que ligues menos. Eso es así, y no te puedo mentir. Pero si lo reflexionas de verdad, ligar en una discoteca ¿qué supone?, ¿que te vas a liar con más borrachos o borrachas babosos/as que si no ligaras? Pues, hija mía, no me parece tan apetecible.

Al final, tener un cuerpazo de infarto (según los cánones, siempre según los cánones) te ganará algunos cumplidos extra, tal vez seguidores en redes sociales, pero nada significativo en realidad. Lo importante en la vida (amistades profundas, un amor de pareja sano y sincero, un trabajo que te apasione) te lo ganas a base de otras cosas. Y, afortunadamente, en esas otras cosas sí que tenemos elección, sí podemos influir. Nacemos con el cuerpo que nacemos, así que nadie puede juzgarte porque tu cuerpo tenga una forma u otra. Lo que sí se elige es si eres una mierda de persona o no, así que tú céntrate en eso y todo lo demás acabará viniendo solo.

Como ya sabes, corazón de melón, hay pequeñas cosas, pensamientos y acciones que te ayudarán a la hora de enfrentarte al enemigo (o te obstaculizarán). Ten cuidado, porque **no basta con entrenar duro** y aprender mucho: cada pequeño movimiento, cada pasito, cuenta. Así que no te duermas en los laureles, porque para enfrentarte a este *final boss* vas a necesitar toda la **ayuda** de la que puedas disponer.

+10 en **puta ama** si alguien te dice que estás gorda como un insulto y le respondes que gracias.

+20 en **puta ama** si alguien te dice que estás gorda como un insulto y le respondes «si lo hago por ti, para que tengas más de mí que envidiar».

+10 en **bad bitch** por mirarte en el espejo y decirte cosas bonitas.

+20 en **ovarios gigantescos** cada vez que le digas a la pesada de Eugenia que, por favor, se meta sus comentarios sobre tu físico por donde muere la esperanza.

+100 en **ovarios gigantescos** si te sobrepones a tu ansiedad y sales a la playa con ese biquini tan atrevido (aunque también está cool si no estás preparada, bebé).

−10 en **tranquilidad** por cada perfil de *influencer* que sigas solo por odiar no parecerte a ella.

−5 en **diva** por cada foto tuya que no subas a Instagram porque te parece que van a pensar mal de ti.

−10 en **diva** por cada *outfit* que no te pongas porque «no favorece a tu tipo de cuerpo». ¿Te hace heridas? ¿Te cabe? Si la respuesta a la primera pregunta es «no» y a la segunda es «sí», ¡¡entonces te favorece!!

–15 en **responsabilidad emocional** si usas la frase «¡qué guapa, has adelgazado!».

–15 en **salud mental** cada vez que metas tripa en el espejo.

MODO DE BATALLA

Sé que da miedo, pero ha llegado el momento: tienes que enfrentarte al temible monstruo final, querida mía. Ahora más que en ningún nivel, puesto que como ya sabes, no podemos simplemente esquivarlo. El **enemigo** es omnipresente, está en todo lo que vemos y oímos, incluso en el aire que respiramos. Si decidimos no plantarle cara no se desvanece, sino que **sigue atacándonos** y minando nuestras defensas y nuestra energía poco a poco.

Nos encontramos con el siguiente escenario: estás en un paisaje que se asemeja al mar abierto. Te mantienes a duras penas sobre una roca, blandiendo tus armas. Las olas te azotan con fuerza, pero no parecen estar hechas de simple agua, pues hacen que te pique y te escueza la piel. Sobre otra roca, a unos metros de ti, se encuentra tu contrincante. Te mira con fiereza y desprecio, y puedes observar que tiene un aspecto extraño: a pesar de poseer forma corpórea, parece estarse «derritiendo» por algunas partes. Porciones de su cuerpo se funden con el agua que rodea a su roca, y deduces que esa sustancia es la que te está provocando picazón en la piel. Además, es difícil identificar de quién se trata, precisamente porque su figura es oscura y cambiante, como si se estuviese derritiendo y volviendo a formar. No obstante, tú llevas muchos años en este videojuego y, por lo que te han dicho en tus múltiples aventuras, parece que te enfrentas a la alimentación.

La comida y a veces también el deporte, el gran dúo, la perdición de muchas. Siempre nos han enseñado que lo que hay que hacer es poco de la primera y mucho del segundo. Que tu **valía** como ser humano se basa en tener determinada **complexión**, y el gran enemigo de esa complexión ideal es la comida. TU gran enemigo, el de todas, es la **comida**. Claro, cómo no va a serlo.

De repente, tus instintos de heroína se activan: percibes que hay gato encerrado. Algo no te encaja. Te das cuenta de que la única forma de confirmar tus creencias es acercándote al contrincante. Eso implica abandonar tu roca, en la que pareces estar a salvo, y sumergirte en esa agua que tanta urticaria te está provocando. Pero eres valiente, así que respiras hondo y te zambulles. Al principio, sientes que la corriente te lleva hacia donde le da la gana, y tú no tienes ningún control sobre ello. Sin embargo, recobras la compostura y comienzas a nadar. Al mismo tiempo te das cuenta de que, más que quemazón, el agua está aliviando tus heridas, y eres perfectamente capaz de **controlar** la dirección en la que nadas.

Por fin llegas a la roca donde se encuentra tu contrincante y consigues verle de cerca. Lo que descubres hace que tu corazón pegue un brinco y se te detenga la respiración. El contrincante al que debes enfrentarte no es la comida, ni el deporte ni nada parecido. Después de pasarnos toda la vida escuchando que los alimentos son unos seres malvados que nos tientan y nos arrastran al mal, resulta que no son más que eso: **alimentos**. El combustible que nuestro cuerpo necesita para moverse. Una **función vital** más, como el dormir o el respirar.

El verdadero enemigo es la sociedad, enmascarada para intentar confundirte. Y es que para darte cuenta de esto, tienes que soltar. Tienes que **abandonar creencias** erróneas, ese miedo patológico a engordar, esa ansiedad por alcanzar un cuerpo que literalmente no existe. Y en ese proceso sentirás que pierdes el control, que te hundes. Sentirás incluso miedo. Porque atreverte a abandonar la seguridad de tu roca y sumergirte en estas bravas aguas es difícil. Pero la ventaja es que consigues ver que tus **complejos**, tu relación insana con la comida, tus inseguridades, están todos basados en constructos de la sociedad. Y al final los constructos son algo que, como grupo de personas, nos inventamos. Los cánones de belleza nos los **inventamos**, no se basan en nada. Nos enseñan que tienen una importancia crucial, que han de regir nuestra vida y nuestras decisiones. Lo disfrazan de que es por motivos de salud, que la delgadez es sinónimo de que el funcionamiento de tu cuerpo es óptimo. Y es que no tiene nada que ver: hay personas gordas que están como una rosa, comen supersano y hacen deporte. Y personas delgadas que tienen un pie en la tumba. La salud de una persona está un poco relacionada con el peso, sí, pero no hasta el punto que nos hacen creer. Así que…, que no te engañen: el canon no se basa en el ideal de salud, sino en conceptos arbitrarios e **inalcanzables**. Porque la salud no tiene una complexión corporal determinada, la salud viene en multitud de formas y tamaños.

Es que mientras tenga salud, María Antonia, qué coño me va a decir usted, pese lo que pese. «Ay, es que si estás tan gorda vas a tener diabetes/problemas de corazón/colesterol/…». SEÑORA, punto uno:

no tiene ningún tipo de formación ni conocimiento médico y/o científico para opinar sobre estos temas. Punto dos: se fuma usted dos cajetillas de tabaco al día, preocúpese por lo suyo. Lo que le molesta es que yo esté **cómoda** con mi cuerpo y usted viva amargada porque no se ha querido dar cuenta de que los cánones son una tontería inservible. Como usted ha hecho tanto esfuerzo, le pica que haya alguien que no lo esté haciendo. Aunque ese esfuerzo no sirva para nada. Pero claro, si actúa como que le preocupa mi salud, queda mucho mejor.

Y con **salud** no me refiero solo a la física, hablo también de la **mental**. Para llegar hasta ese punto tienes que vencer estos cánones y creencias dañinas que están en todas partes, en el aire que respiramos y en el agua que bebemos. Porque, claro, ¿qué haces cuando el ambiente en el que te mueves es tóxico? Pues te plantas una máscara de gas, filtras el agua que bebes y te alejas de los zombis infecciosos. Y a disfrutar del paisaje.

NIVEL 5

REDES SOCIALES: LA VIDA PERFECTA QUE NADIE TIENE

INTRODUCCIÓN

Ya te habrás dado cuenta, amiga mía, de que el jefe final de este nivel no es nuevo. Nos lo hemos encontrado ya varias veces en nuestra aventura, como esbirro de otros enemigos. Y es que si algo tiene este *final boss* es que es más *pesao* que una vaca en brazos. Está todo el día dale que te pego, **bombardeándonos** con determinadas ideas, imágenes y cánones. Nos lanza a la cara cuál es la **vida ideal**, el prototipo de rostro y el cuerpo perfecto. Y claro, de tanto repetirlo, nos lo acabamos creyendo.

Porque si tú te metes en **Instagram** y lo único que ves son narices chiquitas, labios enormes y ojos claros, parece que esa es la única cara aceptable. Y luego te vas a la lupita y te sale una pava que te cuenta su rutina mañanera. Que se levanta a las cinco de la madrugada, saca a pasear al perro, hace deporte, cura el cáncer y solventa la hambruna a nivel global. Y ya luego, si eso, desayuna. Un desayuno de esos de postal que tardas diez veces más en hacerlo que en zampártelo, y al lado del cual tu Cola Cao con galletas palidece. Pues claro, tú te sientes como una **mierda con patas**.

La gracia de todo esto es que la pava de la rutina mañanera te ha grabado su día más perfecto, con más energía. Y esa tía tan guapa a la que sigues ha subido la foto que tenía el mejor ángulo e iluminación, la que lleva capas y capas de **Photoshop**. Pero la señora de la rutina normalmente se despierta con unos legañotes del tamaño de Noruega y con cero y menos ganas de vivir (como cualquier persona normal, vaya). Y la chavala que tanto se ajusta a los cánones de belleza, pues no se ajusta tanto cuando la ves en la vida real (lo que no quiere decir que no sea guapa, ya lo hemos aprendido en el anterior nivel). Lo que pasa es que eso no lo vemos, y ahí está el problema: que nos creemos que todo lo que muestra este *final boss* existe tal cual en la vida real. Porque vemos fotos, vídeos y textos maravillosos, y enseguida interpretamos que es la verdad absoluta. Te metes en el *feed* de la red social de turno y ves a Pili poniéndose morena en la playa, a Alberto con su novia y a María Luisa con un *outfit* que cuesta más que tu casa entera. Un bombardeo de fotos y vídeos cuyo único propósito es generar envidia en los demás. Pero, claro, Pili no te enseña cuando está de bajona estudiando para los finales, Alberto se calla que se lleva a matar con su pareja y que, de hecho, se casan por hacer algo y MariLu no mencionará nunca que devolvió toda la ropa en cuanto terminó la sesión de fotos.

No nos damos cuenta de que lo que vemos es un reflejo. Las redes son como un espejo, pero distorsionado de tal manera que todo parezca más bonito, colorido y agradable. Lo que vemos es la **punta del iceberg**, la parte más brillante y envidiable de la vida de los demás. Claro, es normal que, si solo vemos eso, interpretemos que el resto de su vida es parecida: no te culpo, el cerebro humano funciona así. Es como cuando conoces a alguien con mascarilla y cuando se la quita es menos guapo, guapa o guape de lo que te esperabas: tu cerebro rellena los huecos siempre hacia **lo positivo**, nunca hacia lo que haría que se equilibrara con la realidad. Pero no te dejes engañar, solo hay una forma de saber cómo es realmente una cosa: observarla con tus propios ojos. Porque cuando la vemos en una red social nadie nos puede asegurar que sea de verdad así.

ESBIRROS
Y MALEFICIOS

El principal problema que nos encontramos con este contrincante no es tanto el contrincante en sí, sino que **está hasta en la sopa**. Vaya, cuando le dices a una GenZ que no tienes Instagram, o Twitter, o Tik-Tok, se le abren los ojos como platos. Y oye, yo soy la primera. ¿Cómo que no tienes Instagram? ¿Y cómo te comunicas con tus amigos? ¿Cómo ligas? ¿Qué haces con tus fotos en la playa?

Tenemos completamente asumido que, si no eres más vieja que las chanclas de Jesucristo, debes tener alguna red social. No sé tú, pero yo conozco solo a dos personas de mi edad que no tienen Instagram, y de momento no sé de nadie que no tenga ninguna red social. He ahí por qué son tan dañinas: se aprovechan de la **sobreexposición** que tenemos a ellas para inculcarnos las ideas que les da la gana. Nos explican la realidad que les apetece y nosotras nos la comemos con patatas.

Y para realizar una labor tan exhaustiva, este malo final necesita diversos esbirros y maleficios, como no podría ser de otra manera. Al igual que Papá Noel no puede hacer regalos para todos él solito y necesita duendecillos sobreexplotados. Las redes sociales tienen sus **truquillos** para convencernos de que si no tenemos la cara de Gigi Hadid somos un trozo de mierda.

★ *Multiplicación: se trata de un superpoder muy particular de este jefe final. Es la habilidad de multiplicarse sin parar, tomando distintas formas, pero con la misma esencia en el fondo. Es lo que le permite estar en todas partes: Instagram, Facebook, WhatsApp, TikTok, Snapchat, Twitter... Son aplicaciones diferentes en teoría, pero en realidad cada una es un tentáculo de la misma criatura. Todas te saturan con las mismas imágenes, los mismos mensajes. Todas tienen los mismos esbirros y maleficios, y todas los usarán en tu contra.*

La gracia de este poder es el hecho de que cada viscoso tentáculo del enemigo es ligeramente diferente. Esto les permite llegar al punto débil de toda heroína que se atreva a plantarles cara, atacar en el momento preciso y desde el lugar más adecuado. Por eso es tan temible este jefe final, porque se compone de múltiples subpartes que se encargan de analizar a su contrincante, localizar sus fortalezas y debilidades, y actuar en consecuencia hasta conseguir su derrota.

★ *Desinformación: el enemigo al que nos enfrentamos se aprovecha de la posición que tiene en la sociedad para convencernos de lo que le da la gana. Y es que parece que todo lo que se cuenta en redes es palabra de Dios y tiene que ir a misa. Para que veas la gravedad del asunto, hay peña que se niega a que le pongan vacunas porque creen firmemente que tomarán el con-*

trol de su cerebro y les arrebatarán algún cromosoma. Solo porque lo han visto en Facebook.

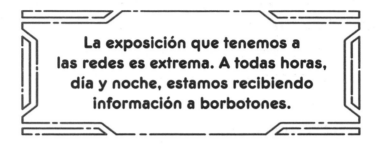

La exposición que tenemos a las redes es extrema. A todas horas, día y noche, estamos recibiendo información a borbotones.

Si a eso le sumamos que muchas veces no ponemos ningún filtro a los datos que nos llegan (vaya, tantos filtros en las fotos y tan pocos en la información...) y nos los tragamos sin ningún miramiento, pues acabamos con escenas tan pintorescas como la de tu primo en la cena de Navidad argumentando que Pablo Iglesias quiere convertir España en la Rusia comunista de 1912. Siento decírtelo, primito de mi corazón, pero «fuente fiable» no quiere decir el tuitero rancio y medio putrefacto que sigues y que dice haber estudiado política.

⭐ *Filtros:* se trata de una magia oscura muy temible, que nos nubla la vista (y la mente) y nos lleva a ver cosas como algo que no son. Una vez una amiga me dijo: «Mira, ese es el chico del que te hablaba, el que me gusta» y me lo señaló. Yo le dije que no me parecía para tanto y me respondió: «Es que ahí no sale bien». ¡¿EN LA VIDA REAL NO SALE BIEN?! Esto hay que pararlo ya de ya. ¿Con quién nos acabamos relacionando, con la peña o con su representación pixelada?

Ya te conté, querida mía, cómo se las apañaba la sociedad para meternos la idea de que tenemos que tener una forma física muy concreta para no ser un fracaso (una forma física que, como ya sabes, ni siquiera existe). Nos manda información constante desde las pelis, anuncios, series y revistas, de este cuerpo «ideal». Al final, terminamos ajustando nuestra percepción a esta imagen que tanto nos han machacado, de tal forma que todo lo que se salga de eso nos parece feo.

Pues es que las redes sociales han cogido este truquillo y lo han convertido en algo todavía más maligno y turbio. Han creado filtros que te deforman la cara (a veces incluso el cuerpo) hasta que es lo más canónica y normativa posible. De esta manera consiguen algo que antes nos parecería disparatado: que tu disforia corporal (es decir, la fijación excesiva por los «defectos» físicos) no sea solo provocada por la modelo de turno, sino también por ti misma. Usar filtros significa verte a ti misma de forma más ajustada a los ideales de la sociedad. En consecuencia, te acostumbras a verte los labios más grandes, la nariz más respingona, las pestañas más largas: tu percepción se adapta a este aspecto. Y cuando te enfrentas a tu cara real en un espejo, la sensación de deformidad te da una hostia increíble, porque es que, nena, tú no eres así. Y en la vida real no hay filtros, en la vida real eres tú y solo tú.

Han aprovechado la imagen normativa que la sociedad ya había forjado en tu mente y te han tirado a la cara todo lo que te diferencia de ella. Porque una vez te acostumbras a un aspecto tuyo más ajustado a este canon, percibes tu apariencia real como mu-

cho más amorfa y alejada del ideal de belleza de lo que realmente está. Y así es como personas que antes no tenían ningún problema de autoestima física empiezan a horrorizarse con sus rasgos.

★ **Los likes:** este esbirro es lo que se denominaría en el lenguaje coloquial un tocaovarios profesional. Tiene la apariencia de un duendecillo chiquito de voz chillona y molesta, que se te sube al hombro y te tira pullitas del palo: «Mira, esta foto tiene 10 likes menos que la anterior, eso es que aburres», «Esta selfi tiene menos likes que la de tu amiga, eso es que eres fea».

Y es que los likes son algo que nos persigue, un comecome que te acaba reventando la cabeza. ¿Por qué esta foto ha tenido menos likes? ¿Es que soy menos interesante, menos guapa? ¿No debería subir este tipo de cosas? ¿A la gente le ha parecido mal que suba esto? Cuando lo cierto es que la gente puede que esté en su casa comiendo Cheetos y pasando siete pueblos de qué subes o dejas de subir.

Pero claro, el duendecillo no nos plantea esa opción. El duendecillo es un pequeño cabrón (con perdón), que a base de ser pesado acaba haciendo crecer en ti las dudas y las inseguridades. Llega un punto en el que los likes determinan tu valía y si esa foto tiene la mitad, ese día pasas a valer la mitad.

Ya tendemos de por sí a compararnos con las demás y a torturarnos por ello, pero es que los likes ponen la guinda del pastel. Cuando te comparas en la vida cotidiana con otra persona, al menos tienes una mínima duda de que tal vez es una percepción subjetiva tuya. La comparación cotidiana es abstracta, no se ciñe a nada. También es dañina, sí, pero es más fácil ponerla en tela de juicio. Los likes, por el contrario, son un número. Y se aprovechan de su condición de número para pretender ser una cuantificación matemática, objetiva y científica del valor de las personas, la verdad absoluta que mide si alguien es suficiente o no. Nos convencen de que son un medidor superfiable que te indica si mereces la pena como persona o si eres un pequeño despojo.

★ **Los seguidores:** si lo piensas, los seguidores son un simple numerito que aparece cuando te metes en tu perfil de cualquier red social. Una combinación de cifras que indica si otra persona ha hecho click en un lugar determinado de su pantalla. Este esbirro tiene una apariencia simple e inocente, y es ahí donde reside su peligro. Porque a la mínima que te descuidas, a la mínima que te confías, se mete en tu cabeza y es imposible pensar con claridad.

Es así como hay gente que acaba obsesionándose. Empieza de forma insidiosa, no le das ninguna importancia (porque no la tiene, al menos al principio). Escribes tu cuenta de Twitter en una pared de la calle a ver si te sigue alguien random, miras algún vídeo de YouTube donde te cuentan cómo hacerte viral, buscas los sonidos populares de TikTok para incorporarlos en tu vídeo, a ver si tiene más visualizaciones... Y poco a poco se te empieza a meter entre ceja y ceja.

Te descargas esa aplicación que te dice quiénes de aquellos a los que tú sigues no te siguen de vuelta. Pides a cada persona que conoces que te siga en redes. Incluso, aunque sea sin querer, haces juicios sobre esa persona basándote solo en sus seguidores. Si tiene muchos, ¿qué habrá hecho para conseguirlos? Y si tiene muy pocos... da como lastimita, ¿no? Y no es culpa tuya hacer esos juicios. ¿Cómo no vas a hacerlos si no hacemos más que oír a las demás hablando de eso?: que si esta persona tiene tantos seguidores y no se los merece, que si esta otra debe de ser una pringada porque tiene muy pocos...

Y entonces es cuando se puede llegar a extremos. Extremos como pagar a aplicaciones para abultar tus seguidores. En esos casos, estamos pagando dinero solo para aumentar este número tan simplón, tan aparentemente inocente. Y ni siquiera es para que nuestro contenido llegue a más personas, porque las cuentas que te seguirán con estas aplicaciones son creaciones vacías de un programa informático, no tienen a nadie detrás. ¿Hasta qué punto hemos llegado, que esta cifra tan nimia nos controla de tal forma?

Que quede claro: un número no es una persona. Que tengas menos números no significa que estés más sola, pero es verdad que a veces podemos sentirnos así. Hoy en día, tendemos a confundir la atención en redes, el *engagement* y la popularidad con el éxito, la amistad o la realización en la vida real. Déjame decirte, amiga mía, que las tres primeras son solo las versiones de AliExpress de las tres últimas. Y el hecho de que a veces no sepamos distinguirlas se atribuye al maleficio que describiré ahora.

⭐ **Validación de plástico:** y es que las redes sociales te proporcionan un feedback positivo inmediato: subes una foto, o un *vídeo, o un tuit, y te llegan notificaciones. La gente te da likes, te comenta, te habla: en definitiva, te presta atención. Es aceptación social en estado puro. Y nosotras, tanto tú como yo, somos seres sociales, la evolución nos ha preparado para ello. En la prehistoria, si no vivíamos en grupo nos moríamos: cazar la cena a la vez que intentas encontrar refugio para pasar la noche y buscas agua potable es una tarea, cuanto menos, dificililla. Por eso cualquier forma de aceptación social es percibida como un estímulo enormemente positivo y digno de recompensa. La validación de plástico es un hechizo muy tramposo, pues el efecto inicial que produce es positivo. Cuando el contrincante dirige esta magia contra ti, sentirás felicidad, aceptación y satisfacción. Te parecerá algo bueno, pues te hace sentir bien. Incluso te puede llevar a concebir a la criatura que conjure esta magia como tu aliada. Parece todo fantástico, ¿no?*

Pues no. Porque el truco está en que los efectos son efímeros y cuando se pasan nos dejan con un vacío. Y cada vez que seas víctima de esta magia, ese vacío se irá haciendo más grande, y empezarás a buscar llenarlo como sea. Nos hacemos adictas a esta validación de plástico, hasta el punto de que si no la recibimos, nuestra percepción de nosotras mismas se deteriora. Porque lo que tú piensas es que si te aceptan en el grupo, significa que no tienes que estar sola y que no vas a estirar la pata. Todo éxitos, ¿no?

El problema es la inmediatez con la que recibimos esta aceptación. El que sea tan instantánea se traduce en que conseguirla sea fácil y, por tanto, cada vez queremos más. Generamos expectativas de que vamos a recibir esa recompensa, y acabamos teniendo un patrón de comportamiento compulsivo. Crear, crear, crear; subir, subir, subir. Seguir consiguiendo likes y seguidores, cada vez más y más rápido.

Porque así funcionan las drogas: la primera vez que pruebas una, está chulo. Eso te hace querer volver a probarla, pero según vas consumiendo, el efecto chulo disminuye. Cada vez vas necesitando más y más cantidad para sentir lo de antes. Hasta que llega el día en que, si no la recibes, la sensación es horrible. La necesitas simplemente para estar normal, cuando antes te sentías normal sin ella.

La validación de plástico tiene apariencia simpática, pero si te descuidas te clava sus garras. Y que te suelte será muy complicado.

★ **La ansiedad social:** la conexión entre la ansiedad social y las redes se parece más a una amistad que a una relación esbirro-*final boss*. Una amistad de la que más te vale alejarte, porque como te salpique la has liado bien parda. Se retroalimentan entre sí, se intercambian provisiones y recursos; cuanto más crece una, más tóxica se vuelve la otra.

Y es que el tener a esta criatura acechándote aumenta tus probabilidades de caer en el uso abusivo de las redes. La ansiedad social se alimenta de tus inseguridades, se aprovecha de ellas: y como ya has visto, las redes son una fuente de validación social fácil y rápida. Qué mejor forma de paliar las inseguridades de la ansiedad social que las redes sociales, ¿no? En teoría, sí. Pero creo que te empiezas a dar cuenta de que en la práctica no.

Porque si tapas tus inseguridades con la validación de plástico, estas no se van, solo se alivian durante un plazo de tiempo corto. Al acabar ese plazo vuelven a morderte, con más fuerza todavía. Y vuelves a necesitar esa validación, cada vez más. Al final, se crea un círculo vicioso.

Para que me entiendas un poco mejor: ¿cómo es más fácil hablarle a tu crush?, ¿en persona o respondiéndole a la historia? Los dos dan takitakicardia, lo sé. Pero yo no conozco a nadie que me diga que hablarle en persona le pone menos nerviosa que por una red social. Y es que lo que nos permite este *final boss* es evitar situaciones sociales donde lo pasamos mal: por ejemplo, discutir por WhatsApp es mucho más fácil, tienes más tiempo de pensar los argumentos.

Esto a priori parece algo bueno, porque nos evita sentir esa angustia. Pero las situaciones desagradables como las discusiones o hablarle a tu *crush* se superan a base de enfrentarte a ellas de cara. Está superestudiado en psicología: la ansiedad se reduce con la exposición. Con las redes lo que estamos haciendo es esquivar constantemente el exponernos a diversas situaciones, con lo cual cada vez da más miedo que sucedan en la vida real. Así que cuanta más ansiedad social tengas, más uso harás de las redes; y cuanto más uso hagas de las redes, más ansiedad social tendrás.

La cara más fea de esta maligna amistad es el *cyberbullying*. Antes, si querías insultar a alguien, tenías que tener ovarios. Era un pequeño obstáculo para el *bullying*, aunque no lo frenase siempre. El problema ahora es que por redes todo el contacto social es mucho más fácil, y también este. El peor filtro es aquel que nos oculta por completo, ese muro tras el que podemos hacer cualquier cosa.

Porque decirle a alguien que es fea en persona nos da un poco de susto, a todas. Pero escribirlo desde la comodidad de tu cama, mientras comes patatas fritas y tienes a tu mascota al lado... Eso lo puede hacer cualquiera. Es lo más fácil del mundo. Esa pequeña barrera que dificultaba el acoso se ha desvanecido con las redes, y eso es muy peligroso.

ARMAS Y HABILIDADES PARA LA BATALLA

Sé que el camino hacia la **victoria** puede parecer desolador ahora mismo, amiga mía. Siempre nos quedamos un poco así después de escuchar las numerosas armas y aliados con los que cuenta nuestro enemigo. Joder, es que yo no sé por qué empiezo con eso siempre, si te desmoralizo... ¿Debería cambiarlo? Bueno, creo que ya es un poco tarde. Voy a confiar en ti y en tu **valentía**, espero que no hayas abandonado tu aventura tras oír hablar de los esbirros del primer nivel. Además, así remontamos hacia el final, para quedarnos con lo bueno.

Por poderosas que sean tus contrincantes, la respuesta no es encogerse de miedo. La respuesta es tomar aire, hinchar el pecho y **hacernos más grandes** nosotras. Existen muchas armas a tu disposición, pero has de estar dispuesta a esforzarte para conseguirlas.

⭐ *Autoestima segura: se trata de un increíble superpoder que te permite generar tu propia validación, por lo que no necesitarás buscarla de otras fuentes. Si algo puede hacerle daño a las redes sociales es que no las necesites para quererte a ti misma. Al final, su principal negocio es venderte esa validación de plástico, tóxica y frágil. Si dejas de acudir a ellas para obtenerla, no les queda nada.*

Claro, es más fácil decirlo que hacerlo. Creo que a estas alturas de la vida te has dado cuenta de que tener una autoestima alta y sana a veces se hace más complejo que ver un unicornio o el Primark de Gran Vía vacío.

Y es que, como hablamos en el capítulo anterior, son pocas (por no decir ninguna) las personas que no hayan tenido problemas de autoestima graves en algún momento. Todo eso lo hemos ido construyendo como sociedad: hemos instaurado un canon de belleza superespecífico y hemos decidido rendirle culto como si fuese una deidad. La locura llega al punto de que incluso aunque te parezcas al canon, acabarás distorsionando tu percepción hasta convencerte de que no es así. Esa modelo que ves en la tele, que más que una humana parece una escultura de Miguel Ángel, también se odia a sí misma. También se ve «imperfecciones» (en-

tre comillas porque más que imperfecciones son diferencias respecto a la norma), existan o no. Al final, tengas el aspecto que tengas, te parezcas o no a lo que es «ideal», vas a estar incómoda con tu apariencia. Y esto, en el fondo, es algo bueno.

¿Cómo va a ser eso algo bueno?, te preguntarás. Pues mira, piensa esto: si tengas el físico que tengas, vas a estar a disgusto, eso significa que el problema no está en tu físico, sino en tu percepción de ti misma. Tu físico es el que es, no lo puedes cambiar: si el problema está ahí, estamos jodidas. Pero la percepción es flexible, podemos trabajar con ella.

Una persona con autoestima segura no es aquella que no tiene absolutamente ningún complejo: eso no existe. Tener bajones e inseguridades es lo más normal del mundo.

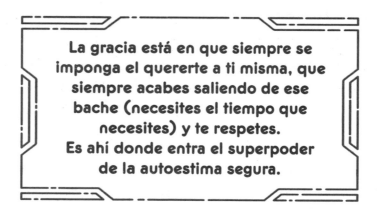

La gracia está en que siempre se imponga el quererte a ti misma, que siempre acabes saliendo de ese bache (necesites el tiempo que necesites) y te respetes.
Es ahí donde entra el superpoder de la autoestima segura.

⭐ *Detox: una peculiaridad de las redes sociales es que, si interaccionas con ellas de una determinada manera, no son hostiles. Es más, pueden ser grandes aliadas. Pero claro, es difícil ver* dónde está ese límite, ese punto en el que esta enemiga pasa de ser majetona a ser un grano en el orto. Y el mayor problema es que hay una línea muy fina entre una cosa y otra.

El detox se trata de una técnica milenaria procedente de la mitología legendaria de las montañas polares del sur místico. O de Murcia, no me acuerdo. El caso es que su poder es enorme y de sencilla ejecución, así que es fundamental que la emplees con diligencia. Se basa en, simplemente, alejarte de este *final boss* cuando detectes que está empezando a morderte y hacerte sangre. No para siempre, pero sí lo suficiente para que se relaje (y para que te relajes tú).

Ahora la gracia está en saber darte cuenta de cuándo te está haciendo más mal que bien este jefe final. No es tarea fácil, aunque pueda parecerlo. A veces desarrollamos una relación tóxica con las redes y no nos damos ni cuenta. Porque se mete bajo nuestra piel de forma gradual y silenciosa, cegándonos con las cosas buenas que nos aporta para que nos resulte difícil fijarnos en las malas.

Nuestra forma de pensar, nuestros valores y esquemas mentales se forman según vamos creciendo. No aparecen por arte de magia, como comprenderás: vamos cogiendo pedacitos de lo que nos encontramos en la vida y los usamos para forjar nuestra personalidad y nuestros ideales. Y para evolucionar como personas, lo ideal es coger un cachito de aquí y de allá, tener un collage variado y diverso, porque eso nos da perspectiva y nos permite tener la mente abierta. Lo chungo de las redes sociales es, como ya sabes, la altísima exposición que tenemos a ellas. Al final, en vez de coger trozos de distintos lugares, los cogemos casi todos de lo que vemos en TikTok, Twitter... del mismo cubo, del mismo tipo, cero variedad. Porque pasamos tanto tiempo en las redes que estas se convierten en un porcentaje enorme de nuestro tiempo y de nuestra vida.

Por eso es tan importante de vez en cuando distanciarse de este contrincante. Desinstalarte Instagram una semana, por ejemplo. Dejarte tiempo para estar contigo misma sin prestar atención a la vida de las demás, aprender de ti, conocerte y evolucionar sin tener la influencia constante y abrumadora de este *final boss*. Si no, llega un momento en que nos desconectamos de nosotras mismas y nos olvidamos de lo que es importante. Fíjate lo mucho que se te puede ir la olla que hay personas cuya mayor pesadilla es perder seguidores (o sea, que un número dentro de una plataforma que nos inventamos hace unos poquitos años descienda).

El efecto de la exposición continuada a las redes es que te intoxicas de ellas: pierdes de vista lo que es real y tangible. Son una herramienta maravillosa, sí. Pero solo si sabes usarla bien.

★ **Exposición:** en sí, esto no es un arma ni un hechizo a tu disposición. Se trata más bien de algo que te dará las herramientas para enfrentarte a tu enemigo. Como si dieses un curso de boxeo para enfrentarte a la imbécil de tu clase que cada vez que abre la boca es para herir a alguien. No le vas a dar en la cabeza con la clase de boxeo, le pegarás un puñetazo tal y como te habrán enseñado en la clase de boxeo (todo esto hipotético: no peguéis, niñas, está feo).

Y la pregunta lógica que estará brotando en tu cabecita es ¿exposición a qué, Vicky?, ¿al sol?, ¿una exposición de PowerPoint sobre las mitocondrias? Pues no, pequeña saltamontes. Exposición a lo que te da miedo. Es la ley más básica de la psicología: si algo te da miedo, exponte a ello hasta que veas que no es tan malo como tú pensabas. Solo así te dejará de dar miedo.

Exposición, por ejemplo, a situaciones sociales. Las redes reducen el contacto directo con las personas: en vez de felicitar a la que te gusta en clase, lo haces por WhatsApp. Y luego cuando la ves en persona ni la miras a los ojos, porque qué nervios. En lugar de decirle a tu amigo que algo te ha molestado, le mandas un audio. Que así, si discutís, tienes tiempo de pensar la respuesta a tu ritmo. Las redes, como buena herramienta que son, nos proporcionan el camino más fácil. El camino más fácil para discutir, declararse, tirar fichas... Y, claro, a nosotras nos encanta el camino fácil. A quién no. Si te ofrecen un paseíto por un prado floreado o una caminata por Chernobyl, creo que todas tenemos clara nuestra decisión.

El problema de escoger sistemáticamente lo sencillo es que cuando aparece algo mínimamente incómodo nos cagamos por la pata abajo. Cuando viene nuestro amigo y nos pregunta a la cara que qué nos ha molestado, nos da un telele. Porque ya no tenemos pausitas para pensar la respuesta, ya no existe esa distancia física de la persona con la que estamos discutiendo. Las redes, a corto plazo, hacen más fácil socializar, pero a largo plazo nos convierten en un ser torpe y ansioso.

Otra exposición que te puede venir de perlas es subir fotos (o vídeos). Pero no cualquier tipo de foto o vídeo, no me vale que se te vea media cara y salgas así :). Te tienes que ver como la perra más bella del mundo. Se tiene que poder observar en tu cara el convencimiento absoluto de que no hay ser más hermoso que tú sobre la faz de la Tierra. Por mucho que al principio no te lo creas, que veas el vídeo/la foto y no te guste y te dé nervios subirlo por si se piensan que eres una creída. EXPONTE a esos nervios, SÉ una creída. Porque con esa cara y ese cuerpazo... como para no serlo, tía.

La primera foto que subes con actitud de diosa da miedito. La segunda también, pero un poco menos. Y poco a poco dará cada vez menos miedo, te verás cada vez mejor y te querrás cada vez más.

Exponte, enfréntate. Las redes sociales no tienen forma de hacerte daño si no controlan tu miedo.

★ **Ocultismo**: además de ser muy útil, lo positivo del ocultismo es que es tremendamente fácil de obtener. El único obstáculo está en si tú estás dispuesta a hacer uso de él.

De momento, solo puedes usarlo en algunos de los viscosos tentáculos del *final boss*. Se trata, ni más ni menos, del botoncito «ocultar likes» (una opción que ahora mismo solo permiten Instagram y Facebook). Un simple click, y ya está. Con este movimiento, formas un aliado que te defenderá a capa y espada del terrible esbirro de los **likes** (y también reduce gran parte del impacto del conjuro **validación de plástico**). Si no puedes ver los likes, no te preocupas de cuántos recibes, tampoco de si bajan o si suben. Si no los ves, no puedes comparar tu foto con la de tu amiga. No tienes a ese duendecillo tocaovarios en la oreja todo el día, tirándote pullitas. Y no tienes que rayarte y obsesionarte por conseguir la validación de plástico, porque se bloquea la fuente que te empapaba de ella. Ahora puedes centrarte en obtener validación real y positiva en otros lugares más sanos.

Pues ya está, ¿no? Hacemos click y fuera. Parece sencillo. Pero ya sabes que las cosas en esta vida nunca son tan fáciles. Y es que el impacto positivo de este botoncito no te llega simplemente con pulsarlo. Has de hacer un trabajo mental por tu parte también. Si no, tu cabeza empezará a buscar otras formas tóxicas de compararte y evaluarte, y a los dos días reactivarás la opción de ver los likes, poniéndote alguna excusa cutre para convencerte de que no es tan importante para tu salud mental. Y al final estarás expuesta a la misma mierda pero de otro saco. Has de ir mentalizada de por qué lo haces, y de qué quieres conseguir con ello. Para mí, el objetivo idóneo es compartir las cosas que te molan o que te parecen bonitas en tu perfil, independientemente de la reacción de la gente que te sigue. Es algo muy utópico, sí, y tal vez nunca se llega ahí al cien por cien, pero mejor acercarse que quedarse en el quinto pino, ¿no?

Y tampoco te obligo a que estés toda tu vida sin ver tus likes. Te lo presento como una herramienta que puedes tratar de implementar durante un tiempo, cuando te abrume la toxicidad de las redes. Cuando estás iniciando el proceso de instaurar una relación más sana con este contrincante, el primer paso debe ser cortar tu adicción a la validación de plástico. Una vez te veas capaz de generar tu propia validación y no verte tentada por este maléfico conjuro, no veo el problema en que reactives tus likes (si ves que eso no te va a hacer dar un paso atrás).

⭐ **El botón de unfollow:** como ya te he contado, este *final boss* puede ser la mar de simpático si sabes cómo tratarle. Y es que en redes hay un montón de contenido chulo: información sobre salud mental, cuentas de *body positivity*, cuentas sobre política, geografía, animalitos... Mucha gente guay que te informa, te anima y te aporta cosas buenas. El problema reside en que seguimos cuentas que nos hacen daño, y muchas veces ni nos damos cuenta. No me refiero a que las propias cuentas sean malas o pretendan hacerte sentir como una mierda (aunque hay algunas así). Es cuestión de que a cada persona le sienta bien y le hace feliz un determinado tipo de contenido.

Hay peña que sigue la cuenta de Zendaya porque les encanta cómo trabaja, disfrutan con su estilo y la chavala les cae bien. Hay otras personas que la siguen porque es guapísima y tiene cuerpazo y les mola verlo. El problema es la gente que la sigue porque se comparan con ella y lo usan para torturarse. «Yo no tengo esa piel», «yo no tengo esa cintura», «yo no tengo ese éxito». Vamos, que me caiga un rayo antes de decir que Zendaya es mala y tóxica, me parece una tía majísima. Pero yo, por ejemplo, *tuve que dejar de seguirla hace un tiempo, porque la seguía por los motivos equivocados.*

La clave está en analizarte, hacer introspección y pensar qué sientes cuando ves el contenido de una cuenta concreta. A mí me dan pequeñas alegrías las cuentas que suben fotos de perretes, o las que me cuentan datos históricos curiosos, o las de shitpost que suben memes que a veces ni entiendo. Así, me aseguro de que cada vez que abro una red social, me expongo a contenido que me ayuda en mi día a día.

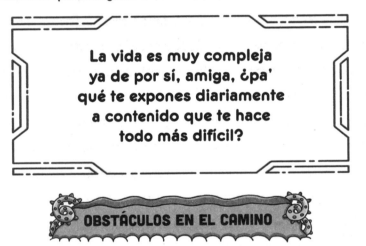

La vida es muy compleja ya de por sí, amiga, ¿pa' qué te expones diariamente a contenido que te hace todo más difícil?

OBSTÁCULOS EN EL CAMINO

Qué sería un nivel sin sus pequeñas peripecias. En este videojuego, si no te encuentras con baches, ni evolucionas ni avanzas. Y el árido sendero que te llevará a tu enemigo, por suerte o por desgracia, no está exento de ellos. Las redes sociales están rodeadas de **complejidades**, pues ya has visto que su hegemonía y adicción les confieren un poder a veces abrumador.

Habrás de **plantarles cara** como has hecho hasta ahora, querida mía: armándote de valor, respirando hondo y apretando el culo. En peores te has visto, en peores te verás. Así que venga, *espabiling*, que nos queda trabajo por delante. Y si hay alguien que puede superar estos obstáculos, eres tú.

★ *El mono: ya te lo he contado en este nivel, aunque seguramente ya te habías pispado tú (que eres mu' lista, mi reina). Las redes sociales son a-d-i-c-t-i-v-a-s, y no solo eso, sino que son una adicción muy aceptada y normalizada hoy en día. Varios recursos de los que debes disponer para hacer frente a la batalla consisten en distanciarte, no darles tanta importancia y no prestarles tanta atención.*

Pero esto es difícil de conseguir, porque la mayoría de nosotras tenemos instauradas las redes en nuestra rutina diaria. Me levanto y miro Instagram, estoy en clase o en el trabajo y respondo WhatsApp, me meto en TikTok mientras meriendo... Lo tenemos encajado en nuestro cerebro como el respirar o el dormir.

Una vez vino a nuestra clase el típico hombrecillo a dar una charla sobre las redes sociales. Recuerdo que nos comentó que algo se considera una droga cuando su consumo interfiere con el hecho de que realicemos nuestras funciones vitales. Yo, y toda mi clase, pensamos lo mismo: las redes no interfieren con mis funciones vitales, yo como, respiro y bebo agua igual. Y entonces nos soltó una pregunta que nos dejó un poco workbook page 14 a to-

das: «¿Alguna vez os habéis quedado despiertas mirando el móvil hasta el punto de que no habéis dormido las horas que deberíais?». Hermana, te cagas en las bragas. Porque eso lo he hecho yo, lo has hecho tú y hasta Manolo el del bombo. Porque las redes están interfiriendo con lo más básico que tengo que hacer como ser humano y no me había dado ni cuenta.

Sé que decirte que eres una adicta al móvil y que deberías parar y leer un libro suena muy *boomer*. Es un consejo que al principio me pareció una tontería, pero luego me ayudó un montón en muchas cosas. A veces no nos damos cuenta de lo que necesitamos porque estamos centradísimas en lo que dice o sube el resto del mundo. Y no hay forma más destructiva de tratarse a una misma.

★ **Las redes sociales de las demás.** Que parece que siempre las llevan con más naturalidad que tú, que tienen más éxito con menos esfuerzo y que pueden dejarlas cuando quieran.

Ves a la *influencer* de turno en sus stories: «¡Mañana de desconexión del móvil! A disfrutar de mi familia, hacer yoga y beberme un té». Y la siguiente story es de Paquito, que se ha puesto un *outfit* precioso y ha estado de fiesta con los coleguis (mientras, tú en tu casa comiéndote los mocardos). Y te sales de las historias y ves una fotico de tu prima en Cancún. Bueno... vale ya, tío, qué agobio.

No sé si soy solo yo, pero cada vez que me meto en Instagram/Twitter/YouTube/etc. siento el impulso de ponerme a hacer cosas. Porque si no ves a una en el gimnasio, ves a la otra en clases de esgrima y al otro remodelando su habitación. Parece que las vidas de los demás, del mundo entero, dan vueltas a una velocidad vertiginosa. Y tu carta de invitación a tan maravillosos acontecimientos se ha perdido en el correo.

Y esto, como muchas otras cosas, es culpa de tu cabecita. El cerebro humano está programado para percibir la realidad de forma simplificada. Esto es algo bueno, porque nos ayuda a tomar las decisiones del día a día de manera rápida, a ser eficientes y, en definitiva, a funcionar con normalidad. Por ejemplo, si yo te digo que hay 328.402.397.534 razones por las que es bueno que tu cerebro funcione así, no habrás leído ese número en tu cabeza. Has visto un número largo, y tu cerebro automáticamente ha percibido que no era relevante fijarse en él para entender este párrafo. Así que se lo ha saltado, sin más, y así ha hecho tu lectura más eficaz. Otro ejemplo: está demostrado que no es necesario que las palabras estén copmlteas, coerrtcas y ordneaads para que las entendamos. Con que la letra del principio y la del final estén en su lugar, podemos pillarlo. Esto es porque a nuestro cerebro no le hace falta analizar cada letra: mira el principio y el final y deduce inmediatamente la palabra. Brutal, ¿no?

Y dirás, ¿para qué me cuentas este rollo, pesada? Pues para explicarte que las vidas también se perciben de forma simplificada. Y esto, en el caso de las redes, más que una forma de facilitarnos las cosas, es un problemón. Porque en las redes solo vemos la cara maquillada, el cuerpo posando, la foto de viaje o el cuarto ordenado. Vemos vídeos de personas estudiando, esforzándose o cuidando perritos abandonados. Es decir, vemos lo que esa persona quiere que veamos, lo que cree que será digno de la admiración de los demás.

No se suben los momentos de debilidad, soledad o inseguridades. No se sube el estrés que genera el trabajo, no se sube cuando discutes con tu pareja, ni el vídeo que muestra que a veces eres una egoísta. Y como solo vemos cosas divertidas y bonitas, extrapolamos esa pequeña foto a toda su vida. Pensamos que las cosas siempre les van así, que siempre son felices y están a buenas con su familia, que siempre hacen deporte y estudian mucho. Y, en cambio, mírame a mí: aquí en mi cama tirada, con la ropa por el suelo, cabreada con mi amiga y sin estudiar para el examen de mañana. Vaya mierda de vida en comparación con la de las demás, ¿verdad? Mentira. Lo que pasa es que no lo ves, y como tu cerebro funciona de una determinada manera, le es difícil darse cuenta de que las cosas no son así.

⭐ **La norma:** esto ya lo hemos hablado tú y yo. Hoy en día, y más si perteneces a la generación Z, las redes sociales están hasta en la sopa. Literalmente, porque hay gente que sube fotos de la sopa de la cena. Muy bien, Eustaquia, muy rico el caldo de pollo del Mercadona.

Yo no conozco a nadie que no tenga al menos una red social; hasta mi abuela tiene WhatsApp. Y el otro día me preguntó que cómo hacía para instalarse el «tistós», que quería ver mis vídeos. A lo cual yo procedí a responder que la aplicación había sido eliminada y que si intentaba descargársela se le rompería el móvil y le robarían la cuenta bancaria. Como mi abuela vea mis vídeos no vuelvo a las comidas familiares, eso seguro.

La cuestión es que todas las personas que nos rodean usan diariamente alguna red social, si no varias. Y no es para menos, son muy útiles: para mantener el contacto con tu amigo a distancia, para ligar, hablar con tus familiares, hacer trabajos grupales, conseguir trabajo... Pero claro, esto desemboca en que si decides alejarte de alguna red social, se te mire raro (e incluso se te excluya).

Pongamos Instagram como ejemplo, que creo que es el más ilustrativo. Si tú te lo desinstalas durante un par de semanas, ya no te enteras del temita (se vienen cositas) que ha sacado el de tu clase, y no puedes unirte a la conversación sobre ello al día siguiente. No tienes forma de tirarle fichas a la persona que te gusta respondiéndole a historias. No puedes comentar la foto de esa chica de la que quieres ser amiga.

Mucha de la vida social se circunscribe a las redes, como has ido viendo a medida que superabas este nivel. Pero también has visto que solo la circunscribimos a ellas porque lo hacen todo más fácil. A través de una pantalla no tienes que mirar a esa persona a los ojos, no corres el riesgo de trabarte, y si te equivocas en un mensaje, siempre puedes borrarlo y volverlo a escribir. Pero a medida que nos ponemos cómodos con esta sencillez, el mundo real se vuelve más complejo.

Puede ser que en un primer momento te dé miedo cambiar tu relación con las redes, por si eso te afecta en más ámbitos. Y te voy a ser sincera, lo hará. Pero eso es lo que te moverá a cambiar, adaptarte y aprender. Somos seres sociales, tenemos que socializar. Si dejamos de socializar a través de las redes, el cerebro acabará encontrando otra forma de hacerlo. Y, con un poco de suerte, esa forma se adaptará mejor a ti a largo plazo.

★ **Las redes sociales para ligar:** aquí es que se junta el hambre con las ganas de comer. El tentáculo que son este subtipo de redes tiene una maestría especial a la hora de lanzar el hechizo de **validación de plástico.** No hay validación más frágil y tóxica que la de recibir un like en Tinder. Porque lo que te está diciendo es que le mola tu físico, es decir, está validándote por tu físico. Pero es que lo contrario también puede pasar: que no te de like, que te quite el match, que no te responda... Y ahí la hostia está bien chula. De nuevo te recuerdo que no es que no puedas tener Tinder: de hecho, yo lo he tenido en algunas épocas de mi vida. No me parece nada malo *per se;* es una forma guay (y COVID-friendly) de conocer peña. La cuestión es que sepas tener Tinder sin basar tu autoconcepto en las notificaciones que recibes de la aplicación.

También se unirán a la fiesta los esbirros y contrincantes de otros niveles, por si la maestría de estas redes con la magia oscura no fuese suficiente. En concreto, las inseguridades físicas y el aterrador enemigo final que confrontarás en el siguiente y último nivel: el amor romántico. Y ese tema tiene más chicha que *Pasión de Gavilanes.*

BONIFICADORES

La ventaja (o desventaja) que tienen las redes es que son tan extensas que tienes mucho margen de maniobra. Esto significa que tu relación con ellas se definirá por una infinidad de **pequeñas acciones y actitudes**. En conclusión, existen muchos bonificadores a tu disposición, por lo que en este nivel tendrás que darles más importancia de lo usual. No puedo especificarlos todos, porque no hay papel suficiente en el mundo. Pero intentaré cubrir todas las bases y luego tú, que eres una tía espabilada, puedes sacar muchas otras pequeñas conductas que puedes realizar o evitar.

–5 en **amor propio** por cada foto/vídeo que subas con tantos filtros que no se distinga si eres tú, tu amiga Pepi o un mono de Gibraltar con peluca.

–15 en **amor propio** cada vez que uses la herramienta de «deformar» del Picsart en ti misma.

+20 en **amor propio** cada vez que subas una foto al natural, con esa belleza que tú tienes que no posee nadie más.

+15 en «**oletú**» por cada foto o vídeo que subas al feed porque te gusta a ti y no por los me gusta de los demás. Sube esa foto que te encanta del cielo chulo al atardecer. Sube ese vídeo de tu gato panza arriba: sale monísimo y lo sabes.

+20 en «**oletú**» por superar tus inseguridades con ese *outfit* y subir una foto con él.

+10 en «**oletú**» por subir un baile a TikTok. Que sí, que es del *straight* TikTok, que sí, que tus amigas dicen que da vergüenza la gente que lo hace. Que les den: ¿te ves buenorra, diva, potra, empoderada? Pues no necesitas más.

+10 en **sabiduría** por pillar la información de una fuente fiable y no de un tuit/post/vídeo cutre.

+20 en **tranquilidad** por cada descanso de redes que decidas darte porque notas que se te empieza a ir la olla.

−5 en ***bad bitch*** por cada story de tu ex que mires en modo incógnito para que no sepa que eres tú.

−10 en ***bad bitch*** por perder media hora de tu vida comprobando si *esa persona* ha visto tu historia.

+20 en **madurez emocional** por cada conversación importante que tengas cara a cara en lugar de tirar por lo fácil (mandar un audio).

+10 en **salud mental** por dejar de seguir a una influencer que no te aporta nada positivo.

+30 en **salud mental** por dejar de seguir a una CONOCIDA que no te aporta nada positivo (se va a pillar un rebote, sí, pero tu cabecita es lo primero, corazón de melón).

El avance por este nivel ha sido largo y ha estado salpicado de **trampas**, perversas criaturas y oscuras maldiciones. El camino no te ha llevado solo a enfrentarte con el enemigo de este nivel, sino que ha traído de vuelta **viejos contrincantes** ya derrotados en el pasado. Por suerte, tu voluntad es fuerte y tu aprendizaje, profundo. Las armas, defensas, magia y aliados que habías formado en el pasado te siguen acompañando. Según avanzas por los páramos en los que habita tu adversario, venciendo el cansancio que atenaza tu cuerpo, empiezas a notar que algo se aproxima. Tu **instinto de heroína** te manda la señal de alerta: ha llegado el momento de plantarle cara al *final boss*. Y no será tarea fácil.

La criatura se alza ante ti, como salida de la nada, como si te hubiera seguido de cerca todo este tiempo sin que te dieses cuenta. Es gigantesca, más de lo que esperabas. Posee tantos tentáculos que te es imposible contarlos y en cuestión de segundos te ves rodeada por todos ellos. El cielo, el suelo, el paisaje… todo desaparece de tu vista: lo único que puedes ver es al **viscoso monstruo**, que te rodea en un abrazo mortal. El panorama es abrumador, y te tienta la idea de rendirte y dejarte atrapar. Pero has aprendido y evolucionado demasiado como para detenerte ahora. Porque ahora sabes lo que provoca en ti cada red social, has analizado lo que necesitas y lo que quieres que te aporten.

Uno de los tentáculos del *final boss* se abalanza contra ti. Comprendes que esta red en concreto es muy **nociva** para ti, ya sea porque te desinforma, te provoca inseguridades o te impide salir de tu burbuja. Así que decides cortarla de raíz: ya nunca volverá a interponerse en tu camino. Se alza ante ti el siguiente contrincante: esta otra red te **aporta** cosas buenas, porque te muestra contenido del que aprendes y que te hace feliz. Has entendido que este adversario no es malvado en sí, así que decides **mantener** a esta subparte de él. Cuando giras la cabeza, te topas con otra copia del *final boss*: una red social con la que no tienes la mejor relación del mundo. Sabes que te puede mostrar cosas positivas, pero actualmente te impide avanzar. Así que forcejeas con ella, te **alejas** a una distancia prudencial, le impides que se aferre a ti y te dificulte respirar. Al final, acabáis haciendo las paces.

Una por una, plantas cara a cada copia del jefe final, esquivas los maleficios que te lanzan y aprendes a **subsistir** independientemente de ellas. Una por una, se van apartando de tu campo de visión, y empiezas a poder vislumbrar el horizonte. Antes de darte cuenta, vuelves a ser capaz de ver el cielo libre de nubes, de ver el sol y de ver el suelo cubierto de césped. Consigues de nuevo plantar los pies en **el mundo real**. No te habías dado cuenta, pero echabas muchísimo de menos el calor del sol en la piel, el sonido de los pajaritos, el olor del aire limpio. Y ahora que vuelves a sentir todo eso, no entiendes cómo habías podido acostumbrarte al ambiente viciado, sombrío y pestilente que te rodeaba antes, cuando permitiste que este jefe te arrastrase a voluntad.

Porque a veces, querida mía, nos sumergimos tanto en el océano virtual que se nos acaba el aire, y lo peor es que no somos conscientes de que nos estamos ahogando. Si estás leyendo esto, es probable que me conozcas de redes (o puede que me hayas conocido a raíz de este manual, quién sabe). Creo que no hace falta ser Einstein para deducir que, siendo creadora de contenido en internet, yo he sido la primera que me he dejado llevar por este **bicho tramposo** y me he olvidado de mí y de mi mundo. Hicieron falta bastantes caídas y magulladuras para que dejase de hacer el imbécil y reaccionase. Cuando por fin conseguí sacarme la cabeza del ano, había una distancia abismal entre yo y mi esencia. Había perdido de vista lo que realmente quería, lo que me gustaba y lo que disfrutaba, había descuidado a mi familia y a mis amigas. Básicamente, me había dejado ir. A causa de esto he perdido algunas cosas que, con toda probabilidad, no voy a recuperar.

Pero por eso estoy aquí, querida amiga. Para que tú sepas **reaccionar** antes, para que no te desorientes y te pierdas como hice yo. Las redes sociales son una herramienta guay y nos dan muchísimas cosas preciosas. Pero, al igual que un cuchillo, te puede servir para preparar un estofado bien sabrosón a tus amiguis o para tropezarte y autoconvertirte en un colador sin querer. Yo, que estuve tanto tiempo alejada de lo que era importante, he conseguido volver a reconectar con ello. Así que, si esta pringada tiktoker puede, tú más.

Cuando hayas hecho frente a todas las réplicas y subpartes de las redes, y hayas **modificado** tu forma de relacionarte con ellas según lo que más te convenga, de repente girarás la cabeza y no estarás mirando un bicho aterrador con tentáculos pringosos. Estarás mirando a un amigo.

Así que, adelante, estimada heroína. Ya lo sabes, confío en ti.

NIVEL 6

EL BOE DEL AMOR ROMÁNTICO

INTRODUCCIÓN

Madre mía, se vienen cositas. Este último nivel es el que más dolores de cabeza me ha dado. Créeme, querida amiga, que pocas personas se han tropezado tanto en el amor (romántico) como yo. Algunas veces porque he sido una cabeza hueca y otras porque me la han jugado que flipas. Es algo que nunca he hablado por redes, porque no quería perjudicar a las personas con las que he estado. Pero ya me da igual, la verdad. Te hago un resumen: he tenido siempre una **obsesión patológica** con encontrar a «esa persona», lo que me llevó a forzarme a estar con gente con la que realmente no tenía que estar.

Mi primer novio fue un pobre chico que me trataba genial: ¿el problema? En aquel momento yo tenía la **autoestima** de una zarigüeya atropellada, no estaba nada preparada para una relación seria y no sabía cómo aceptar el cariño. Ahora somos muy amigos, pero fui bastante cerda del inframundo con él. Mi segundo novio también era un cielete conmigo al principio, pero a base de cagarla con él, se fue alejando. Para cuando me quise dar cuenta y cambié, él ya estaba muy lejos de mí. Estuvimos mucho tiempo dejándolo y volviendo, porque yo intenté por todos los medios reparar el pasado. Al final fue él quien terminó jodiéndome viva, y me hizo falta un año de **terapia** para superarlo. El último era el que mejor me trataba de los tres. Yo por fin había conseguido superar mis taritas, por fin era capaz de **aceptar el cariño**. Era un chaval muy simpático y majísimo: tan majo que resultó que se había tirado todo el primer mes que estuvimos juntos poniéndome los **cuernos** día sí, día también. Y era tan simpático porque se sentía como una mierda (con razón).

Superchuli.

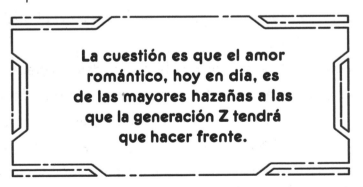

La cuestión es que el amor romántico, hoy en día, es de las mayores hazañas a las que la generación Z tendrá que hacer frente.

Si no lo encuentras, porque no lo encuentras. Si lo encuentras, porque la persona te trata mal, o te deja de querer, o la dejas de querer tú a ella o discutís. Si lo buscas, porque lo buscas, y si no, porque no. Eso si no nos metemos en el barrizal de las sexualidades: ¿me gustan las chicas?, ¿los chicos?, ¿les no binaries?, ¿todos?, ¿ninguno? Y cuando por fin has conseguido hacerte una idea de lo que te atrae (o de lo que no), resulta que siempre habrá alguien al que eso le parezca mal.

Dentro de lo malo, el haberme dado tantas hostias en el amor (y también el haber estudiado psicología, no vamos a engañarnos) me ha hecho aprender algunas cositas sobre este tema. Como diría mi amiga Carmen: me sobra calle. En este nivel te enseñaré lo que es una **relación sana** y cómo alcanzarla. Hablaré del *love language* (el lenguaje del amor), de cuándo se está preparada para una relación y de qué **expectativas** deberías tener. Pero, por encima de todo, quiero enseñarte a no obsesionarte con ello.

Porque da la sensación de que todas las pelis, libros y series están vacíos si no tienen un poco de romance. Parece que estamos **incompletas** cuando estamos solteras. Que el ideal es juntarse con una persona, tener una relación monógama y morir en pareja. Y pocos cánones ilusorios de la sociedad hacen tanto daño como este.

ESBIRROS Y MALEFICIOS

El amor está en el aire, es evidente. Que si el anuncio de perfume con dos chavalines liándose, que si la serie de Netflix en la que ligan más en dos minutos que tú en un año, que si la peli de la superheroína que encuentra el amor a pesar de los ataques constantes de unas orugas alienígenas… Parece que te persigue: te metes en Instagram y ZAS, una story de Patricia con su pareja; cierras la aplicación y TOMA, dos besándose a 50 centímetros de tu cara. El amor está en el aire, y no en plan bien.

Como estés **soltera**, te sumes en una amargura constante. No te quiero ni contar lo que se siente si lo acabas de dejar con tu pareja. Porque el chiste es que las etapas de soltería se ven como algo que hay que evitar, algo malo, pasajero. No las concebimos como una fase más, sino que se habla de ellas como si fuesen una **transición**. Como si en vez de ser un período más de tu vida, fuesen la introducción a tu próxima relación. Parece que estar soltera equivale a estar esperando a que llegue otra persona de la que enamorarte.

El amor romántico es un **enemigo** formidable porque inunda todos los ámbitos de nuestra vida. Gires hacia donde gires, te lo acabas encontrando, con un aspecto más o menos agradable. Incluso a la más cuerda de las heroínas se le iría la olla con esta presión **constante**. El enfrentamiento acaba siendo inevitable, pero vamos a ir paso a paso. Lo primero es lo primero: conocer las armas y esbirros con los que nos atacará este enemigo final.

★ *El BOE de las relaciones: esas reglas no escritas (pero bien restregadas en el careto de todas) de cómo debes encontrar el amor, en quién debes encontrarlo, cómo debes enfocar una ruptura y cómo te tienes que sentir en todo momento. Vaya, que parece que en vez de ser personas individuales, pensamos todas con la misma mente.*

¿Qué me dices de la gente que te intenta dar la pauta de cuándo tienes que superar una ruptura? «Han pasado cinco meses, ya deberías haberte olvidado de él/ella/elle». Hostia, María Paula, muchas gracias: me has curado. Tus palabras han hecho que deje de estar triste, qué maravilla. También tenemos, por supuesto, el otro extremo: «Lo acabáis de dejar, ¿no estás mal? Eso es que no estabas enamorada». Mira, chica: cállate un mes, por favor te lo pido.

Hay unos tiempos marcados para todo y, eh, ni se te ocurra incumplirlos, bonita. Después de romper con alguien tienes que estar un tiempo sola, y no puedes hablar con esa persona en al menos cinco millones de años, da igual la situación que sea. Todo el mundo parece convencido de que todo tiene su tiempo, y tú no te lo puedes saltar de ninguna manera porque entonces «no lo estás haciendo bien». Pues, chica, si escuchar a tu corazón, a lo que te apetece y te hace feliz no es hacerlo bien, prefiero mil millones de veces hacerlo mal. Fatal. De culo. Lo peor posible.

Una de las manifestaciones más tóxicas y farragosas del BOE de las relaciones son las reglas sobre la sexualidad. Ya sabes, el típico «si eres chico te gustan las chicas, y si eres chica, los chicos». El clásico de preguntarle al pobre niño de tres años, que lo único que quiere es jugar al escondite inglés, si se ha echado novieta. Eso de interrumpir la paz de la chiquilla de infantil para preguntarle qué chico le parece más guapo de clase. Y es que hasta hace más o menos cinco años prácticamente no existían películas, libros o series en los cuales el o la protagonista no fuese hetero (y si había, yo desde luego no las conocía). De hecho, ahora tampoco es que haya mejorado mucho la cosa. Y si a la sociedad ya le cuesta entender que no tienes por qué querer copular con el género opuesto, cuando le empiezas a hablar de otras sexualidades... apaga y vámonos. ¿Bisexual? No, eso es ser una guarrilla viciosa. ¿Asexual? Qué va, eso es que no has encontrado a la persona adecuada.

Básicamente, el BOE de las relaciones se centra en pautar cómo has de sentirte y cómo has de actuar en consecuencia. Ignora la individualidad de cada persona y nos aplica las mismas reglas a todas como si fuésemos una mesilla de noche de IKEA y estuviese leyendo nuestras instrucciones. Pero es que la Pepi es una mesilla, yo soy una estantería, y aquella es un sofá-cama. Intenta montar el sofá-cama con las instrucciones de la estantería, ya verás qué gracioso.

⭐ *El calendario: en ocasiones podemos confundir este maleficio con el anterior. La diferencia es que este te pincha constantemente, no solo cuando mantienes una relación. No se centra en tus sentimientos, sino en la evolución de tu vida, en tu agenda de planes de futuro y presente. Se dedica a agobiarte día y noche, en todas las etapas de tu vida, diciéndote que vas tarde o que vas pronto.*

Que Mari tuvo novio a los dieciséis, y yo todavía no he tenido ni un rollete. Es que yo tengo veintiocho y aún no he besado a nadie. Es que mi madre a mi edad ya tenía tres hijos y la casa comprada (ok, boomer). Es que la media de edad del primer polvo está en los diecisiete años y yo ya tengo dieciséis y medio, madre mía.

Yo he visto a mis amigas superestresadas porque a los veinte años no tenían pareja. Porque todo el mundo a su alrededor parecía haber encontrado al que sería el amor de su vida para siempre y que se estaban acabando las parejas disponibles y que iban a acabar solas y amargadas. No hace falta decir que «las amigas» soy yo. Uf, estoy demasiado sincera en este capítulo.

Al final, tengas pareja o no, acabas agobiada. Si llevas cinco años con tu novia, porque has perdido tu juventud y no sabes lo que es la vida. Si no tienes novio, porque no eres merecedora de amor y vas a morir deprimida y rodeada de gatos. Es decir, hagas lo que hagas, lo estás haciendo mal. Bastante desagradable el panorama, la verdad.

Un ejemplo clarísimo de esta magia oscura que me pone especialmente de los nervios es lo típico de «el amor se encuentra cuando dejas de buscarlo, cuando menos te lo esperas». Pero, vamos a ver, ¿no era que el amor se encuentra cuando se encuentra? Ahora resulta que el amor tiene una lista con la peña que le está esperando y la que no, y hasta que no le dejen de buscar no se presenta. Coño, y yo que pensaba que el de la lista era Santa Claus. Nunca te acostarás sin saber una cosa más.

No se te ocurra juntar dos citas la misma semana porque eres una guarra, espera a la tercera cita para bajarte los pantalones y cinco años y medio para casarte. Los hijos, entre los treinta y los treinta y cinco: si tienes un crío a los veintisiete eres una adolescente loca, y si lo tienes a los cuarenta una madre de la tercera edad.

Te voy a decir un secretito: las cosas no se hacen según la media de edad de la población, ni según lo que hacen tus amigas o lo que hicieron tus padres. Las cosas se hacen cuando las sientes, cuando estás preparada. Si sabes estar sola, no tienes un problema grave de autoestima y te pillas de una persona, sal con ella: es así de simple.

Puedes tener veinticinco años y no sentirte preparada para echar un polvo. Y tener dieciséis y sí estarlo. Eso sí, un inciso muy importante: cuidado con el tema del primer polvo, corazón de mi alma. A veces nos autoengañamos para pensar que estamos preparadas, tiramos para delante, y luego se nos queda un traumita profundo. Asegúrate de que no lo haces por presión de tu pareja, o de la sociedad, o de ti misma. Y asegúrate de que lo haces con una persona en la que confías y con la que te sientes cómoda. Y QUE USAS PROTECCIÓN, POR FAVOR.

★ *El listón: a veces te da por pensar que eres muy exigente con el amor, que igual es que le pones demasiadas pegas a la gente. ¿Qué más dará si es una persona irrespetuosa y no te hacen ni puta gracia sus chistes? El caso es que respira, ¿no? ¿No debería valerte con eso? Pues hija, no. Tienes derecho a necesitar lo que sea que necesites. Hay quien necesita mucha atención de su pareja y quien necesita independencia. Hay gente a la que le pierden las cursiladas, el ponerse moñas: otras sienten repulsión y prefieren el vacile. Y no eres exigente, eres una persona, con tus recovecos y esquinas, tus gustos y tus miedos. No somos capaces de encajar con todo el mundo porque somos seres complejos. Y eso está bien.*

Eso sí, este limbo es de doble filo: rasca por las dos partes, tanto si pasas por debajo como por encima. Porque a veces nos da por exigir en posibles parejas que sean ese príncipe Disney perfecto, y eso es turbio, colega. Si no mide 2 metros y 7 centímetros, tiene los ojos azul pastel, se apellida Seseña y caga arcoíris, no lo quiero. Pues mira, chiqui, muchas veces el amor consiste en aprender a que te gusten incluso esas cosas que al principio te daban casi grimita. Vamos, que tengas en cuenta que si tú tienes fallos en los que tienes que trabajar, cualquier pareja que te eches (si es que quieres echarte una) también los va a tener, y no es el fin del mundo.

Al final, hay que mantener un equilibrio. No aceptar determinadas cosas que sobrepasen tus límites, pero tampoco exigir la perfección.

⭐ **La falsedad:** se trata de un hechizo de ocultismo muy engañoso. Su objetivo principal es que te pienses que eres la única gilipollas a la que le va mal en el amor.

Hay muchas ocasiones en las que te da la sensación de que todo el mundo lo tiene clarísimo y nadie tiene problemas con sus relaciones. Vaya, que ni tan siquiera les azota un mínimo asomo de duda al respecto. Y esto siempre es mentira. Todo el mundo está perdido en algún punto de su vida, y en el terreno del amor nadie tiene siquiera una pista de en qué continente se encuentra. ¿Cuántas de tus amigas tenían relaciones aparentemente perfectas y no te contaban ningún problema, hasta que de repente lo dejaron y se destaparon los trapos sucios? O el típico youtuber que se va a un paraíso caribeño a pedirle matrimonio a la chorbita. Se iban a casar, todo era maravilloso. Y, de repente, lo dejan y empieza a volar mierda por todos los lados, juicios, órdenes de alejamiento... Un circo en toda regla.

Pero claro, si no se habla de las cosas... es como si solo te pasaran a ti. Si tu amiga Teresa no comparte contigo que cree que le gustan también las chicas, igual tú no te ves con la confianza de decir que a ti también, porque te crees que eres la bicho raro del grupo. Es importante ser sinceras con nuestro círculo cercano (el que merece la pena, vaya, los tóxicos ya hemos dicho que al pozo) para crear un ambiente en el que nos demos cuenta de que, vaya, todas pasamos por cosas parecidas y no sucede nada por sentir lo que sentimos.

★ *El amor ciego:* un esbirro tremendamente perverso, pérfido, fétido. Lo peor es que se recubre de una capa de romanticismo ideal. Pero claro, levantas la capa y te encuentras con un bicharraco feo.

Básicamente, se trata de los diversos mitos que nos han ido embutiendo como si fuésemos un pavo relleno en Acción de Gracias. El de la media naranja, que en resumen lo que te dice es que no estarás completa hasta que no encuentres el romance. El de «el amor todo lo puede», que lo que implica es que tu pareja te puede hasta meter un pie por el culo, que, si estás enamorada, le tienes que dar las gracias.

Lo que generan estas convicciones es que creamos que el objetivo de la vida es encontrar pareja. Que la que no la encuentre vivirá triste y amargada, no habrá cumplido su misión y estará incompleta para siempre. Que cuando te topas con alguien con quien encajas lo más mínimo, tienes que agarrarte a esa persona como si fueras una sanguijuela de río y no soltarla, por muchos problemas que surjan, por mucho que te falte al respeto.

Esta criatura te convence de que el amor es la mayor maravilla de la vida, que es todo a lo que debes aspirar. Que cuando encuentres a esa persona solo tendréis ojos para el otro/otra/otre, encajaréis a la perfección y no tendréis ni una discusión. Y que ingeriréis perdices hasta el fin de los tiempos. Y luego llegas, te topas con que el amor romántico tiene grumos y baches, y te piensas que eres una desgraciada y que tu vida se va a la mierda.

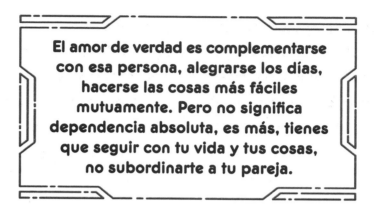

> El amor de verdad es complementarse con esa persona, alegrarse los días, hacerse las cosas más fáciles mutuamente. Pero no significa dependencia absoluta, es más, tienes que seguir con tu vida y tus cosas, no subordinarte a tu pareja.

No hace falta que tu novio/a/e vaya a todas tus quedadas con tus amigos, ni que lo hagáis todo juntos/as/es. Está bien que priorices a esa persona de vez en cuando, porque al fin y al cabo es alguien muy importante para ti. Pero no permitas que llegue hasta el punto en el que descuides al resto de las personas que eran importantes para ti antes. Si uno/a/e de los/las/les dos quiere salir de fiesta un finde, no es ningún drama. Sé que algunas tendréis problemas para confiar en la pareja, pero te voy a decir una cosa: si te quiere poner los cuernos, te los va a poner, lo controles o no, tengas celos o no. Así que mejor vivir tranquila y si realmente te es infiel, ya le montarás el pollo que le tengas que montar.

A veces surgirán desacuerdos, inseguridades, problemas. Y la gracia no está en evitarlos a toda costa, está en aprender a llevarlos. Aprender a dejar de discutir y empezar a debatir, tener diferentes opiniones sin necesidad de faltar al respeto o enfadarse, y no querer tener siempre la razón.

Recuerda que la vida está llena de cosas chulas: la familia, las amigas, estudiar algo interesante, trabajar en lo que te mola, *practicar un deporte, cantar, bailar, ver un paisaje, viciarse a una serie, los vídeos esos de gatos asustándose de pepinos, decir «te ano» en lugar de «te amo». La pareja es una cosa chula más, pero desde luego no es la reina de las cosas chulas. No te dejes engañar, tú ya estás completa. Si se te cruza en el camino una persona que te encanta y disfrutas muchísimo de su compañía, tanto mejor. Pero sin esa persona también vas de locos.*

ARMAS Y HABILIDADES PARA LA BATALLA

El amor, como ya has visto (y seguro que incluso experimentado), puede ser una maravilla o un pequeño cabroncete. Por eso es sumamente importante que interiorices las armas que verás en este nivel. Porque a veces, por culpa del amor ciego, pensamos que estamos viviendo algo maravilloso. Avanzamos a tientas con una **confianza** inquebrantable, por el simple hecho de estar enamoradas. Y luego resulta que lo miramos con perspectiva y estamos hasta el cuello de **caca** de jabalí silvestre.

Las armas y habilidades contra el *final boss* se centran más en ti que en el enemigo. Porque la lucha no consiste en encontrar o no el amor ideal, en acabar o no con pareja. La lucha consiste en **estar bien** contigo misma, en mejorar tu forma de lidiar con el amor romántico sin acabar llena de heridas y quemaduras.

★ *Información: como diría hasta el más básico de los profesores de primaria, la información es poder. Se trata de un arma que te permite ser libre: sé que esto suena muy idealista, pero escúchame y entenderás lo que digo. Si te das cuenta, la información te ayuda a conocer todas las opciones, todos los posibles caminos y perspectivas. Cuando te falta información, te falta uno de los caminos: eso quiere decir que ya no lo puedes elegir, así que ya no estás escogiendo de forma libre. Es como si, al elegir carrera universitaria, pudieras escoger cualquiera de las opciones excepto Derecho. Cuando te decidas por una, no estarás haciéndolo de forma libre, porque no te han permitido considerar si querías entrar en Derecho o no.*

Algo bueno de hoy en día es que tenemos una cantidad masiva de información sobre otros tipos de amor, otras orientaciones sexuales (que no son la heterosexualidad, vaya) y otros modelos de relación para que sepamos qué es con lo que estamos más cómodas y con qué nos identificamos más. Investiga, profundiza, experimenta. Solo de esa forma podrás averiguar qué es lo que más encaja contigo, qué te atrae, qué te repele, cuál es tu love language.

Porque a veces, cuando una cosa no encaja con nosotras, no nos damos ni cuenta. Estamos incómodas, pero como llevamos toda la vida así, pensamos que es lo normal, el estado natural de las cosas. Hasta que pruebas a hacerlo de una forma diferente y flipas en colores.

Por eso no es de extrañar que algunas personas tarden años en darse cuenta de que no les gusta el sexo que por norma les han im-

puesto que les guste. Como en esta sociedad se tiende a asumir automáticamente que, si tienes pito, eres hombre y te gustan las mujeres, la tendencia inicial es a creérnoslo como si fuese la verdad absoluta. Y así, un tío se tira años con novia. El sexo para él es aburrido y soso, y lo que siente por ella es más un vínculo de amistad y cariño que otra cosa. Pero como no ha experimentado nunca el estar enamorado, asume que ese cariño que siente es amor romántico.

Y, de pronto, aparece un maromo con el que conecta muchísimo a todos los niveles y dice: «Ostras, Pedrín. Que resulta que soy supergay. Qué cosas».

Pero también te pido precaución, valiente heroína. Se trata de un arma de doble filo, y a la mínima de cambio te puedes acabar cortando a ti misma. Ya lo hablamos al enfrentarnos a las redes sociales: la información es más accesible hoy en día, pero muchas veces no es fiable. Asegúrate de que tus fuentes son válidas y de que contrastas los datos, es decir, no lleves a misa absolutamente todo lo que veas.

⭐ ***Opciones:*** *esta habilidad solo se desbloquea cuando aprendes a blandir la **información** de forma certera y diestra. Existe una cantidad de opciones abrumadora, básicamente porque como humanas, somos seres muy diversos y por eso necesitamos diversidad de caminos. Así nos aseguramos de que siempre haya uno para cada persona.*

Puede resultar que no te atraiga el género que te han inculcado desde pequeña. Puede resultar que incluso no te guste ninguno, que no sientas ese tipo de atracción. También puede ser que te gusten todos. O puede pasar que tu identidad de género sea diferente a la que te asignaron al nacer. De este último tema me encantaría hablar más, pero creo que todavía no he investigado lo suficiente y, sobre todo, no he interactuado con las suficientes personas que hayan vivido una experiencia así como para tener las herramientas para ello. No quiero cagarla, ni decir algo incorrecto ni herir los sentimientos de nadie. Como debería hacer todo el mundo (aunque raramente sucede): no tengo el conocimiento necesario, así que me voy a callar.

En otro orden de cosas, también se abren decisiones sobre si quieres una relación o no. Tu orientación sexual e identidad de género son las que son, pero en esto último sí que puedes incidir. La primera alternativa es no estar con nadie, y es tan válida como el abanico de posibilidades que dan las otras. Otra alternativa es estar con alguien. O limitarse a una relación física sin necesidad de implicación emocional. Lo importante es que estés cómoda con quien eres y hagas lo que necesitas en cada momento. Y, bueno, que tengas responsabilidad afectiva con quien sea que te cruces en este plano.

★ **Relativizar**: una habilidad poderosísima, que hace frente de forma directa al temible hechizo de la **falsedad**. Al igual que pasaba con las redes, tendemos a pensar que todas están genial con sus amores excepto tú. Si tienes una relación, parece que tu relación es la más problemática y difícil, que discutís mucho más que otras parejas. Si no tienes una relación, te sientes una pringada porque parece que todo el mundo ha encontrado el amor excepto tú.

Pues claro, reina, si lo único que ves de otras relaciones es cuando Alberto se lleva de viaje a Manolo, cuando Sandra le regala flores a Pedro o cuando Leire se da un apasionado beso con Miriam. No van a coger y subir un TikTok diciendo «pues mira, chiquis, el otro día casi le arranco los pelos a Manolo porque otra vez se dejó los platos sucios en el fregadero. Estuvimos a punto de dejarlo y me lie con su hermana como venganza». Muy rara vez salen los trapos sucios de verdad, y cuando lo hacen lo vemos como un caso aislado.

Ni las demás están tan bien ni tú estás tan mal. Ni es un drama no haber tenido pareja hasta el momento ni cuando la encuentres va a ser todo genial, estupendo y maravilloso. La vida de soltera tiene sus pros y sus contras, y la vida en pareja, igual. Y no te cuento los contras que tiene la vida de pareja cuando la has buscado tan obsesivamente que ni te has dado cuenta de que no era lo que necesitabas. Al final, es un poco como lo de que las personas de pelo liso lo quieren rizado, y las de pelo rizado, liso. Cuando estás soltera te mueres por estar en pareja, y cuando estás en pareja, echas de menos tu vida de soltera.

Relaja la raja, amiga. Respira hondo e intenta verlo todo con perspectiva. La perspectiva es algo así como cuando te sientas, ladeas la cabeza y pones los ojos muy chiquititos para intentar enfocar las cosas con claridad, para que nos entendamos.

★ *Autoestima:* uy, esta es artillería pesada, amiga mía. Además, ya hemos visto que no solo te sirve con este *final boss*. Es básicamente una ametralladora que destruye a cualquier enemigo tan idiota como para atreverse a acercarse, sin ningún tipo de compasión. Claro, también es verdad que para obtenerla tienes que remover cielo y tierra, luchar con uñas y dientes. Y además esta lucha nunca finaliza porque es una herramienta muy golosa y siempre te la estarán intentando mangar o desbaratar.

La autoestima es la forma más sana y efectiva de lidiar con casi todo lo que te echan a la cara. En este caso concreto, lo que el amor te echa a la cara. ¿No encuentras pareja? No pasa nada, te tienes a ti misma y eso es más que suficiente ¿Sientes celos en tu relación? No, porque tienes una autoestima segura que te lleva a confiar en ti misma. ¿Tu pareja te pone los cuernos? Pues que le den, si lo ha hecho es porque no te merecía.

El problema está en que la autoestima indestructible es un concepto utópico que todavía nadie ha alcanzado, que yo sepa. De ser así, esa persona poseería un poder tan grande que no podría medirse ni abarcarse. Pero como ya te dije, es preferible acercarse que quedarse en el quinto pino. Y cuanto más te acerques, mejor.

Trabajar en tu autoestima implica trabajar en ti misma, tratarte con respeto, permitirte sentir y fallar. Incluso permitirte las inseguridades, porque si hay una *red flag* como una casa en tu relación contigo misma es que no te permitas momentos de debilidad.

★ *Tu alrededor: estés soltera o en pareja, la gente que te rodea siempre constituye una ventaja muy positiva. Puede ser que tu alrededor sea también un enemigo, ya lo hemos visto. No obstante, si has sido capaz de enfrentarte a los final bosses de niveles anteriores y has tenido éxito, significará que estás bien rodeada, y que puedes contar con el apoyo de amigas y familia para superar los obstáculos que se te presentan ahora.*

Estando soltera, la gente que te rodea es un punto de apoyo precioso. A veces se hace cuesta arriba ver a tantas personas enamoradas y disfrutando de su pareja. No es difícil acabar viéndose incompleta, como que te falta algo para tener una vida plena y realmente feliz. Créeme, he estado muchos años sintiéndome así.

Te voy a decir un refrán que, a pesar de ser muy de abuela pueblerina, es una gran verdad: «No sabes lo que tienes hasta que lo pierdes». Es decir, tendemos a dar por sentado las cosas que tenemos. Nos cegamos mirando al horizonte, soñando con tener lo que no está a nuestro alcance. Y de tanto mirar al sol, acabamos siendo incapaces de percibir lo que está a nuestro lado.

Porque tienes mucha suerte de tener a tu padre, que aunque a veces te pone de los nervios, siempre está dispuesto a ayudarte si lo necesitas. Y si no es el caso, tienes mucha suerte de tener a tu amiga Pepi, que siempre hace que te partas el culo por muy triste que estés. O tienes suerte de tener a tu hermano, o a tu vecina, o a tu primo, abuela, tía, el dependiente de la esquina o la tía majetona del bus. Porque esa gente te aporta momentos de felicidad, sean grandes o pequeños. Te enseñan, acompañan y ayudan.

Y cómo va a ser incompleta una vida en la que te rodean tantas personas llenas de luz. Es imposible.

Pero es que aunque tengas pareja, los tuyos siguen teniendo un rol esencial en esta batalla. Cuando nos enamoramos, tendemos a aislarnos, es normal. Todo es maravilloso, has encontrado a una persona por la que sientes algo precioso, y te corresponde. Entiendo que tengas ganas de dedicar todo tu tiempo a eso. Pero ten cuidado de no sobrepasar el límite en el que empiezas a descuidar a las demás personas, porque entonces te vas a quedar sola. Y si todo va perfecto en tu relación tampoco pasa mucho... Pero, spoiler, nunca va todo perfecto. Siempre hay desacuerdos, siempre hay veces que te apetece hacer una cosa y la otra persona prefiere que le metan un tiro a hacerla. Y eso en el mejor de los casos. ¿Qué pasa cuando conoces más profundamente a tu pareja y resulta que no es quien creías? ¿Qué pasa cuando resulta que te empieza a faltar al respeto, que te hace sentir pequeñita e insegura?

La desventaja de apartarte de tu familia y amigas es que desarrollas una dependencia brutal de la última persona que te queda, sea quien sea. Si resulta que este individuo/a/e es Dios y no tiene ningún defecto, y es exactamente igual a ti y estáis siempre de acuerdo en todo (pista: eso no existe), pues ok, no pasa nada. Pero si surge algo, es fundamental que puedas apoyarte en más personas, aparte de tu pareja.

★ *Límites: ya tuvimos que hacernos con esta arma al principio de nuestra aventura. Si lo hiciste bien, lo único que tendrás* que hacer es aplicarla a otro ámbito. Recuerda, esta herramienta se basa en el autoconocimiento.

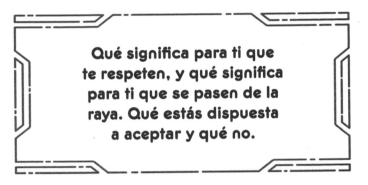

Qué significa para ti que te respeten, y qué significa para ti que se pasen de la raya. Qué estás dispuesta a aceptar y qué no.

Sobre todo, entender qué transgrede tu valor como persona. No puedes quedarte ahí, claro. Después hay que aprender a dar un paso al frente y aplicarse el cuento, que tampoco es fácil. Si descubres que tu límite es que te pongan los cuernos, pero luego tu pareja le mete la lengua hasta la campanilla a tu prima Maribel y tú sigues con esa persona, pues chica, qué quieres que te diga. Espabila. A tomar por culo con tu pareja y a tomar por culo con tu prima Maribel, que las primas comparten cromos, no babas.

Yo entiendo que da miedo, que estás muy enamorada y que no quieres romper. Pero recuerda lo que ya hemos hablado: el amor romántico no es lo más importante en la vida, aunque todas las demás intenten convencerte de lo contrario. Lo más importante eres tú (para ti, claro, para las que no te conocen supongo que no tanto) y, por extensión, tus límites.

Y bueno, si estás soltera, tampoco te libras. Como comprenderás, está dificilillo conocer a alguien que merezca la pena si no te entiendes a ti misma ni sabes cuál es tu *bare minimum* (los mínimos requisitos en una persona) que le exiges a una pareja. Además, tiende a haber confusión en esto cuando te echas un rollete. Aunque no haya intención de nada más serio, sigue teniendo que cumplir unos requisitos. Vamos, digo yo que el hecho de que solo paséis un ratillo aventurero no le quita que deba respetarte como persona. Llámame loca.

★ **Comunicación:** ay, el gran hándicap. Cuántas veces habremos oído la frase «la comunicación es la clave para mantener una relación». Li ciminiciciin is li clivi piri mintinir ini riliciin. Que sí, que ya nos hemos enterado. Pero es que yo hablo por los codos con mi chorbito y aun así nos llevamos a matar. Así que o hablamos idiomas diferentes y no nos habíamos dado cuenta, o la comunicación no es para tanto.

La clave SÍ es la comunicación pero, como siempre, las cosas no son tan sencillas. No vale con soltar palabras por la boca: deben tener una estructura, un sentido. Debes expresarte de tal manera que la otra persona entienda lo que sientes y lo que necesitas, y eso tiene su truco. Tu experiencia y tu percepción son tuyas únicamente, y lo que para ti es blanco, es azul para otras personas. Además, los sentimientos son entes abstractos y complejos, y trasladar eso de tu mente al mundo exterior es, cuando menos, una hazaña. Encima, la otra parte del diálogo debe estar dispuesta a escuchar y entender. Porque claro, aunque te expliques más detalladamente que las instrucciones de la prueba de COVID de la farmacia, si se lo cuentas a un muro, no le vas a convencer de nada.

Hay una habilidad esencial y poderosísima que se puede poner en práctica en contra de este final boss, en especial si mantienes una relación con alguien. No se trata de esquivar las discusiones, no se trata de ignorarlas. Consiste en aprender a discutir, es decir, aprender a comunicarte (con tu pareja). A medida que os vayáis conociendo, irás aprendiendo qué comentarios le hacen especial daño, qué tipo de argumentos usar para hacerle entender algo, qué interpreta como faltas de respeto y qué no. Y, asimismo, la otra persona aprenderá cosas de ti. Si aprendéis a comunicaros a la perfección (o más o menos, vale quedarse cerca o al menos saber por dónde está el sendero), seréis capaces de hablar de forma cómoda sobre cualquier tema sin enfadaros ni ofenderos mutuamente

Escuchaos, a vosotras mismas y a vuestra pareja. Poned en práctica esa empatía y esa inteligencia emocional que tenéis.

Pero aviso a navegantes: no estiréis el chicle más de lo que debáis. Dos no se comunican si uno no quiere, o a veces es simplemente que no sois capaces de encajar de tal manera que la comunicación fluya. Tienes que ser capaz de darte cuenta cuando algo no marcha por más que lo intentes, y saber soltar cuando hay que soltar. Por más que duela.

OBSTÁCULOS EN EL CAMINO

El amor es como una sopa. A veces sosa, a veces llena de sabor. A veces liquidilla, prácticamente solo caldo.

Otras veces está llena de tropezones, y si no vas prevenida, te puedes atragantar. Puede ser de fideos, estrellitas, letras... De verduras, pollo, cocido...

Creo que ya lo pillas. El romance es un camino de **altibajos**, lleno de zarzas y bichos venenosos. Pero curiosamente también está sembrado de flores, animalitos simpáticos y preciosos árboles. Al atravesar este sendero puedes sentirte la persona más **afortunada** del mundo o la mayor **pringada** de la historia. Eso es lo interesante del amor romántico: puede ser lo mejor o lo peor.

Y como todo camino, no es una carretera recta y lisa. Tendrás que sortear todo tipo de trabas y estorbos. Pero bueno, ya te lo sabes, ¿no? Cuanto mejor los conozcas, más fácil será evadirlos.

★ *Inseguridades: ay, las inseguridades. Ese monstruillo que nos lleva buscando las cosquillas desde el primer nivel. Por supuesto, no se iban a quedar sin su cameo en este. Les encanta el protagonismo. Tanto si tienes pareja como si no, este obstáculo se alzará ante ti, como una muralla a tu paz mental.*

Si no tienes pareja, son las inseguridades las que se encargan de convencerte de que eso es algo horrible. Que si estás sola es porque eres una cara-chancla que no atrae a nadie. Que qué haces tú sola, si por ti misma no vales nada, necesitas a alguien que te dé valor. Y que vas a estar toda tu vida sola porque te lo mereces, y morirás rodeada de gatos que se comerán tus restos.

Y claro, como resultado, acabamos otorgando al amor la misión de sustentar toda nuestra valía y nuestra autoestima, acabamos buscándolo obsesivamente. Y ya sabemos que eso no está bien, que este videojuego está llenito de cosas maravillosas y el amor romántico es una más, no el premio final.

Y si estás en pareja, las inseguridades son sinónimo de celos. Es más, son la madre de todos los celos. Porque si tú misma no te das valor, no te aprecias y no te respetas, ¿cómo vas a esperar esto por parte de tu pareja? Tu mente se vuelve loca porque tu concepción de ti misma es una mierda, así que imaginas que la de tu novio/a/e será igual. Y, claro, todas las personas con las que interactúa tu pareja te parecen mejores que tú, así que obviamente en algún momento te cambiará por alguna de ellas. Obvio.

No tener ninguna inseguridad es imposible, amiga mía, ya te lo digo yo. Todas tenemos nuestro punto débil, nuestro talón de Aquiles. Esta de aquí está convencida de ser mala en los estudios, por más que se lee los apuntes no le salen los exámenes como querría. Esa de ahí tiene complejo porque se ve las piernas demasiado cortas. A aquella no le gusta nada su voz. Todas tenemos algo que cambiaríamos, algo que nos incomoda de nosotras mismas. El truco está en hacer las paces con ello. Puede que no nos guste, puede que si estuviese en nuestro poder lo cambiaríamos. Pero no dejes que eso sea lo más destacado en tu concepto de ti misma, no dejes que ocupe todos tus pensamientos y que te impida estar en paz. Sobre todo, respétate. Porque si no, permitirás faltas de respeto de las demás. Y eso no se lo merece nadie.

Al final, los celos son inevitables muchas veces, algo casi instintivo. No está en tu mano tenerlos o no, pero lo que haces con ellos sí es tu decisión. En caso de que tengas pareja, los celos son algo que puede haceros mucho daño, y que puede convertir algo bonito en una bola de toxicidad. Es importante aprender a gestionarlos, y saber comunicarlos de tal forma que no estés atacando a la otra persona, sino simplemente poniéndolos en común para decidir qué hacéis con ello y cómo podéis hacerles frente de forma sana.

★   **Lo que las pelis y los libros te han ido dando:** leer es maravilloso (sobre todo, si lees este libro, jijiji), ver pelis es maravilloso también, pero hay un problemilla de fondo con todo esto: hasta hace bien poco, los únicos referentes del amor que nos daban en la cultura eran siempre los mismos. Siempre el mismo patrón que tienes que seguir sin salirte ni un poquito de la línea. Si hoy en día nos cuesta dejar de asumir que todo el mundo es hetero, que todo el mundo es cisgénero y que todo el mundo tendrá que encontrar el romance finalmente es porque la cultura nos lo ha metido entre pecho y espalda una y otra vez desde que éramos más pequeñas que un renacuajo. Y para metérnoslo tan dentro de la cabecita, lo que se usaba eran las pelis, libros y series (y ahora también las redes).

Porque buscas «familia» en Google y lo único que te salen son fotos de la mamá, el papá y el hijo. Porque en la gran mayoría de las pelis, ya sean de aventura, misterio o ciencia ficción, hay alguna historia de romance metida por ahí. A veces tiene sentido y se agradece, pero otras veces parece que la han embutido con calzador. Y es que soy yo la primera culpable: no sé si me pasa solo a mí, pero cuando no hay nadie que se enamore en una serie, o libro, o peli, se me queda un poco corta. Estoy trabajando en ello pero me lo han imbuido hasta lo más profundo de mi cerebro, así que sacarlo cuesta lo suyo.

★ **La confusión:** especialmente peligrosa en los primeros años de adolescencia. Sales de jugar con los Playmobil, y a las semanas ya te están preguntando que quién te gusta. Vamos a ver, señora, que no me he pispado todavía de que los Reyes son los padres, cómo voy a saber lo que es el amor romántico. Para darte cuenta de si te gusta una persona o si simplemente te has encaprichado hace falta conocerse mucho, haber pasado por diversas experiencias amorosas y, sobre todo, haberse tropezado un montón.

Porque lo más normal del mundo es no saber (al menos, al principio). No saber qué te gusta, ni quién te gusta, ni qué quieres, ni qué necesitas ni qué vas a comer en el día de hoy. Te tiras toda tu vida pensando que te atraen las tías y, de repente, llega un chavalín supersimpático y dices... mierda. Te pasas dos años con una persona pensando que estás superenamorada, y cuando lo dejáis y conoces a otra con la que encajas más dices... ah, que pillarse a saco era esto.

Cada una se enamora de una manera diferente. Hay algunas que sienten maripositas en el estómago, otras que están todo el día pensando en esa persona. Otras que son muy independientes, pero cuando ven a ese alguien se les derrite hasta el alma. Cada experiencia de amor romántico es única, y nadie te puede aconsejar ni guiar, tienes que aprender tú por ensayo y error. Por eso es tan complejo darte cuenta de qué sientes por una persona. Pero también por eso es tan bonito enamorarse. Porque es algo cien por cien tuyo, aunque sea un sentimiento hacia ti misma.

Otra cosa que genera una confusión de narices es el *love language*, el «lenguaje del amor». Cada persona habla un idioma diferente en esto de las emociones: a veces tenemos suerte y el nuestro es supersimilar al de nuestra pareja, y otras veces no, y cuesta más entenderse. Este idioma es, en resumen, qué entiendes tú como expresiones de amor. Por ejemplo, yo me siento querida cuando esa persona tiene pequeños detalles que demuestran que se acuerda de mí a lo largo del día. Pero a lo mejor mi amiga Pepi lo que necesita para sentirse querida es mucho contacto físico, que le den abrazos y la cojan de la mano. Y a lo mejor a Pablo le hace falta sentirse ayudado por su pareja, en las tareas de la casa, en sus problemas, en la vida cotidiana.

El *love language* son una serie de acciones que cada persona necesita ver en su relación para sentirse amada y estar satisfecha. Y eso, muchas veces, no es nada fácil. Hasta que yo descubrí por qué era infeliz en mi relación tuvieron que pasar años. Y encima me di cuenta cuando ya había terminado. Pero bueno, mejor tarde que nunca.

El primer paso para el éxito de una pareja es que cada miembro entienda qué necesita. El segundo, que la otra miembro esté dispuesto a dárselo.

★ **Las amigas tóxicas, la familia tóxica y demás toxicidades que no dejan de presionarte con el tema:** ya lo hemos hablado, querida heroína. La peña que te rodea te puede ayudar una barbaridad o puede suponer una carga que te frene y te provoque contracturas en la espalda. Anda que no se habrán visto casos de gente que está aterrada ante la idea de presentarle su pareja a su familia. O la típica situación de que le cuentas a una amistad que te mola alguien y al día siguiente están comiéndose mutuamente hasta los mocos. Por eso es tan, tan, tan importante que pases por los niveles de la familia y los amigos. Estar bien rodeada es fundamental, porque tu gente es un arma muy poderosa contra los monstruos de este videojuego. Luchando contra la peña tóxica aprenderás a defenderte (o a alejarte, que ya hemos visto que a veces es casi mejor) de esas personas que no te van a dejar ser feliz en el amor de la manera que tú elijas. Esas que se pasan criticando todo el santo día las elecciones y los actos de quienes les rodean.

¿Qué te importará a ti, José Miguel, a quién le meto la lengua hasta la tráquea, o si me gusta hacerlo siquiera? ¿Se te va a caer el pene a ti porque mi pareja no lo tenga? ¿Y por qué te hace falta saberlo? ¿Qué obsesión rara tienes con los genitales de mi pareja? Basta ya, hombre. Eso no son hobbies normales, tío.

BONIFICADORES

A estas alturas de la película (o del videojuego, vaya) creo que no hace falta que te explique lo que son los bonificadores. Y si hace falta, pues mira, te lo resumo: pequeñas acciones que puedes hacer (o evitar) para que te resulte más fácil **patearle el culo** al enemigo final. Tendemos a restarles importancia porque son cosas puntuales, pero al final las conductas y actitudes globales se componen de **acciones chiquitas**. Además, aunque no sean suficientes por sí mismos, los bonificadores son una forma muy buena de empezar a plantarle cara a la **toxicidad** del contrincante.

+10 en «**oletú**» por cada vez que decidas instalar o desinstalar Tinder. Has leído bien, da igual lo que hagas: mientras sea lo que te salga del chichinabi, ganas puntos.

+30 en «**oletú**» por responder con humor a los comentarios desafortunados de la gente. Ejemplo, en la comida familiar, tú: «Os quería decir que soy lesbiana», y tu tío rancio: «O sea que andas por ahí saliendo con chicas. Que sepas que eso es antinatural», «¡Qué va, Paco, no te preocupes! Solo me las tiro, no me gusta el compromiso».

–10 en «**oletú**» por agachar la cabeza ante esos comentarios. Lo entiendo; realmente, da miedo. Pero mejor si le sueltas un corte.

–20 en **responsabilidad emocional** cada vez que hagas *ghosting* a tu ligue en vez de ser sincera y clara.

+30 en **tranquilidad** por darte cuenta de que el amor no es la lotería, que aunque te venga no te va a solucionar la vida.

+10 en puta ama por abstenerte de escribirle a tu ex cuando sales de fiesta.

–15 en **puta ama** por permitir que te traten como un objeto solo porque te hace tilín esa persona.

+20 en **madurez emocional** por, al fin, superar a esa persona que lo único que te aportó es conocer a una mascota majísima.

+50 en **madurez emocional** por darte cuenta de que, aunque estés pilladísima, no estás preparada para tener una relación (y no empezar la relación, claro).

+20 en **CSI Miami** por ser capaz de encontrar el Instagram de esa persona del metro con la que has tenido miraditas. En serio, nunca he entendido cómo se hace eso.

La última batalla del último nivel, madre mía. Hace que se te pongan los pelos de punta, ¿no? Hemos avanzado tanto juntas… Ya me voy a poner tontorrona y sentimentalona. Vamos a calmarnos. Procedo a narrar.

Te encuentras en un terreno escarpado, unas cumbres montañosas. El aire es frío y cortante y notas cómo te escuece la piel. Lo único que tienes en mente es salir de este páramo **inhóspito** y llegar al precioso valle que se ve al fondo, que está lleno de coloridas flores y mullido césped. Así que aprietas los dientes y sigues **avanzando**. Sin dejar ningún tipo de descanso a tu cuerpo, fuerzas tus músculos a su límite. Te duele todo pero te da igual, porque lo que importa solo es llegar al valle de las flores. Escalas rocas, apartas maleza, sorteas acantilados. Tus manos están enrojecidas y llenas de heridas, pero continúas a pesar de todo.

Cada vez está más cerca, el soñado e idílico lugar que tanto deseas. Te alcanza una brisa cálida, el olor de las flores: tu **felicidad** se desborda. Cuando por fin das el primer paso en este oasis, no puedes ni creértelo. Y entonces empiezas a verlo todo **más de cerca**. Comienzas a darte cuenta de que algunas de las plantas que de lejos parecían preciosas flores, son realmente **venenosas**. El césped está seco en muchos puntos, e incluso es picajoso al tacto. Revolotean multitud de bichos que enturbian el aire y te pican la piel. El camino es sinuoso y está lleno de baches y socavones.

Y, de repente, caes en la cuenta. No es cuestión de la ubicación en la que estés, porque ambas tienen sus cosas buenas y sus cosas malas. Ambas pueden ser un paisaje amigable o un cruel desierto. Depende de en qué decidas fijarte, cómo escojas **moverte** por esos entornos.

Eres una chica lista, así que supongo que te habrás dado cuenta de la metáfora. Atravesamos las etapas de **soltería** a paso rápido, casi corriendo, como si fuesen una carrera de fondo. No nos molestamos en mirar alrededor, **explorar**, conocernos, porque tenemos una fijación obsesiva con encontrar el amor, la pareja, el romance. Y es que al igual que las relaciones pueden ser maravillosas, estar sola también lo es. Estando sola es cuando mejor te **entiendes**, es tu oportunidad de trabajar en ti misma. A nivel espiritual y mental, mis mayores etapas de evolución siempre han sido cuando he estado soltera. Pero desde luego no quiero demonizar el amor. Enamorarse es precioso, significa ver el alma de la otra persona y que esa persona vea la tuya. Compartir trocitos de tu personalidad y de tu vida, dejarte querer y permitirte una vulnerabilidad que no muestras con nadie más.

El **amor romántico** es algo muy complejo, tanto si lo tienes en tu vida como si no lo tienes. El hecho de que, por un lado, sea algo tan bonito, y por otro, tan importante en nuestra sociedad, conlleva el peligro de que a veces es **cegador**. A veces llegamos a esa pradera llena de césped y nos llama muchísimo la atención un rosal. Nos ensimismamos, observamos cada detalle de las preciosas flores que tenemos enfrente. Pero esta fijación por el rosal nos hace perder la concentración en otras cosas. Nos empiezan a picar los insectos, nos rozamos el brazo con una hiedra venenosa, nos torcemos el tobillo en una zanja. Y lo más peligroso de todo es que nos da igual, porque el rosal es tan bonito, tan aromático, que creemos que merece la pena todo el daño que recibamos. Es normal querer observar algo cuando nos parece hermoso, pero a veces es mejor estar rodeada de paz y calma. Y cuando el **entorno** no es pacífico, es necesario despegarse de esto tan bello y centrarse en lo de fuera. A veces lo que nos da **no compensa** lo que nos daña.

Por eso te pido, mi querida heroína, mi querida compañera de aventuras, que no permitas que algo tan bonito y puro como es el amor romántico se convierta en algo feo y doloroso. A veces nos enganchamos tanto a ese enamoramiento que no lo soltamos por nada del mundo. No lo soltamos por mucho que se haya empezado a pudrir, por mucha urticaria que nos esté produciendo. Y las cosas no funcionan así, cielo. Cuando algo no puede ser, no puede ser.

No te **obsesiones** con el amor, llegará a su debido tiempo. Y cuando llegue, cuídalo como mejor sepas, permítete sentirte vulnerable. Y si resulta que ya está en tu vida, disfrútalo, porque es una cosa muy chula (sin olvidar, claro está, el resto de las cosas chulas). Pero aprende a soltar si toca, porque aferrarse a algo que lo que quiere es marcharse es lo más doloroso que puedes hacer.

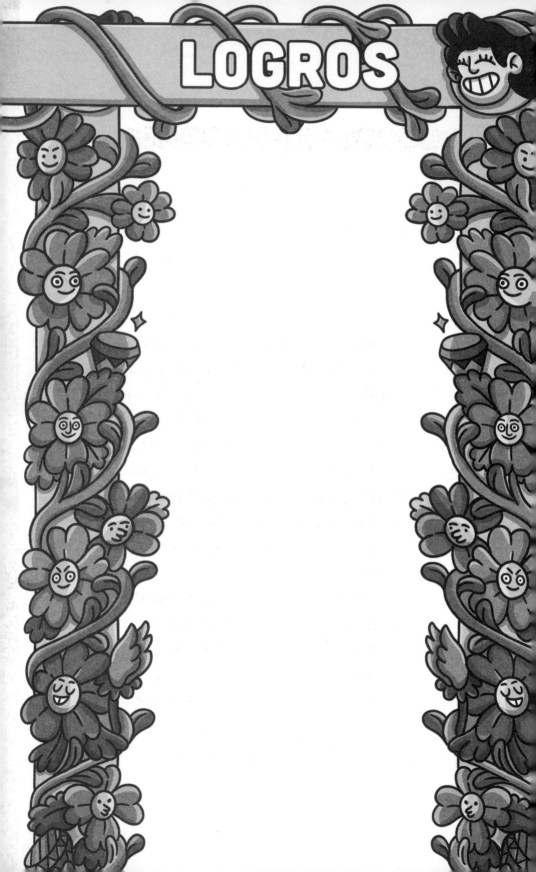

LOGROS

PANTALLA DE LOGROS

Si te soy del todo sincera, amiga mía, la sensación que tengo ahora mismo es agridulce. Estoy profundamente **orgullosa** de todo a lo que te has enfrentado en este videojuego, de que hayas tenido la **valentía** y la fuerza de voluntad de sobreponerte a tus miedos y plantarle cara a todas las enemigas que se te han puesto por delante. Pero, por otro lado, me da mucha pena que nuestro viaje juntas se acabe ya. Aunque espero que seas consciente de una cosa: tu aventura continúa.

No he tenido espacio en estas páginas para describirte a todas las contrincantes, los esbirros y los maleficios con los que te toparás. He intentado darte todos los **consejos** e información posibles pero, al final, la mayor parte de tu camino tendrás que **trazarlo tú**. Da miedo, pero también es emocionante. Y es que no tengo ni la más mínima duda de que, por muy inesperadas o poderosas que sean las enemigas que se te crucen en el futuro, vas a encontrar la forma de derrotarlas (o de hacer las paces con ellas).

Porque, aunque no te conozca personalmente, creo que hemos llegado a **conectar** de alguna forma en estas páginas. Creo que, sin pretenderlo, me has transmitido todas esas **inseguridades** y baches con los que te has encontrado, pero también todas tus **fortalezas** y logros. Y aunque no dispongo de una forma de saberlo, porque nunca me lo has contado, tengo una **confianza enorme en ti**. Aunque a veces te cueste darte cuenta, has conseguido muchísimas cosas en este videojuego, en esta vida. Hoy no eres la persona que eras ayer, hace un mes ni hace un año. Has aprendido, cambiado y evolucionado.

Y como de alguna manera ya siento que te conozco, creo que no me equivoco cuando digo que muchas veces no reconoces tus logros, o les restas importancia. Menos mal que tenemos esta pantalla para recordártelo, y para darte fuerza ante dificultades futuras.

TIEMPO DE JUEGO

Realmente, da un poco igual el tiempo que hayas empleado en leer esto, porque el juego que es la vida dura… pues toda la vida, chica. Este manual solo es un pequeño **granito de arena** en la montaña de lo que ha sido, es y será tu experiencia y tu paso por este mundo. Pero me gusta pensar que es un granito que intenta hacer más llevaderos los demás granitos, aunque sea un poco.

Sin embargo, el tiempo que has estado aquí, conmigo, las dos solas (o con tus amigas, partiéndoos la caja de las mierdas que todas tenemos que vivir), **cuenta**. Cuenta mucho, así que aunque no le podemos poner un número porque cada persona es un mundo, vamos a tomarnos un momento para hacerte la ola y entonar un **¡OLÉ TU COÑO!** (la ola y el olé, bases de la emoción) por ti, porque te lo puto mereces. Hayas estado un día leyendo, o dos semanas, o tres años, gracias por confiar en mí como compañera de aventura. Gracias por cada segundito que has dedicado a leer este manual. Espero que hayas disfrutado y haya merecido la pena.

TÍTULOS OBTENIDOS

Como en todo buen grupo de *girl scout*, curso o gincana en la que participes, al finalizar, tienes nuevos conocimientos y habilidades. Y nunca está de más enumerarlos para que no se te olvide lo que has aprendido.

Si has llegado hasta aquí sin desesperarte y sin pronunciar el famoso «Me bajo de la vida» más de… digamos… ¿veinte veces? Venga, te permito veinte. Si lo has logrado, ¡aquí tienes tus **títulos oficiales**, corazón de melón!

⭐ *Aprendiz de mandar a la mierda: vamos poco a poco, pero empiezas a mandar a la mierda a aquellas personas que te hacen daño en lugar de tratar de cambiar tú para complacerlas. Muy, muy bien.*

⭐ *Pastora de ovejas zombis: ¿te acuerdas de las ovejas zombis del nivel 3? Las has reventado, colega. Has cogido el camino que te ha dado la gana para tu futuro, porque sabes que lo que te hará feliz no es la admiración de tu tío rancio, ni ganar mucha pasta. Sabes que te hará feliz lo que se te da bien, lo que te llena y te hace estar orgullosa de ti misma.*
Hay cerebro de oveja zombi cubriendo el suelo como una alfombra. Es un poco asqueroso pero, oye, es meritorio. Para ti el título.

⭐ *Reina de los no filtros: has aprendido que sí, que puedes usar los filtros, pero no los necesitas para ser excesivamente guapa. Eres capaz de subir cualquier selfi, tenga la cantidad de*

maquillaje o edición que tenga. Y te has dado cuenta de la mara-
villosa libertad que supone no tener miedo patológico de que se
te vea un grano en redes sociales, un ojo más grande que el otro,
papada o pelos.

★ **Maestra de los límites:** *has aprendido dónde están, a po-*
nerlos (más o menos, no pasa nada si siguen bailando un poco la
Macarena) y a pedir que los respeten. Sobre todo esto último. Por-
que da mucho miedo la primera vez que le confiesas a Pilar que
sus bromas sobre tu pelo te duelen y te acomplejan muchísimo.
Pero una vez que dejas de recibir esas bromas y puedes iniciar el
camino para volver a enamorarte de tu pelo, ¡no veas qué gozada!
Así que olé por ti, por ser capaz de decir basta y por priorizar tu
salud mental.

★ **Detective de toxicidades:** *lo que antes ya soltaba un tufi-*
llo a reactor nuclear, ahora apesta que te cagas. Tienes el olfato
del perrete del anuncio de Rastreator. Y lo mejor de todo es que en
cuanto hueles el más mínimo hedor levantas la pata, echas una
meadilla y te piras por donde has venido. Oye, es toda una habili-
dad adquirida y tienes que reconocértelo.

★ **Capitana de la respiración honda:** *ya respiras tan hondo*
que tus pulmones son el puñetero centro de la Tierra. La aspira-
dora que tu querida madre o padre decide pasar el domingo a las
ocho de la mañana cuando tienes una resaca que te quieres morir

palidece ante tu respiración. Quizá por eso mismo te apesta la toxicidad a culo de mono.

⭐ **Maga de la desaparición:** cuando hace falta irse de un sitio donde no te conviene estar, te piras. Desapareces. Los pingüinos de Madagascar con el «tú no has visto nada de nada»... Me pillas, ¿no? Ya sea por toxicidades, porque no es lo que necesitas en ese momento o porque tienes mejores cosas que hacer, simplemente. Siempre que tengas educación y expliques debidamente a las personas el porqué de tu alejamiento, ser capaz de darte cuenta de que te tienes que marchar, y hacerlo, es todo un logro muy notorio.

⭐ **Medalla de oro en recolección...** de los cachitos de tu alma, de tu esencia y de tu ser. Esos que saltan de tu ser cada vez que piensas que tal y como eres, así de maravillosa, no vales.

⭐ **Medalla de plata** en no hacer maleficios arcanos a tus enemigos, y en lugar de eso coger aire y hacer las paces (o apartarte tranquilamente). Ya lo sabes: a corto plazo, lo que sale es soltar cosas feas hasta que llore. Y tampoco te culpo si tras años de desgaste acabas haciéndolo. Pero el otro camino, aunque sea más largo y complejo, es también el que más recompensas tiene para ti a largo plazo.

⭐ **Medalla de bronce** en bromear con tus propias inseguridades. Que eso siempre cuesta mucho, pero también ayuda a *normalizarlas y a verlas como lo que son: ridículas. Créeme, si te metes en mi cuenta de TikTok aunque sean dos segundos, no tardarás en darte cuenta de que el humor es mi mecanismo de defensa predilecto.*

MODO COOPERATIVO

Para finalizar, aún te queda una medalla por ganar, o al menos una que no hemos tratado aquí. Como todo buen videojuego, la vida consiste en derrotar a los monstruos que te atacan, pero también en **aliarse** con las personas de tu alrededor para hacer frente juntas a esta aventura. En este libro hemos hablado de ti. Pero es que «tús» hay muchos, tantos como personas. Si has alcanzado este punto, las personas que te rodean ahora mismo son solo las que merecen la pena y, por tanto, ¡toca entrar en el modo cooperativo! **¡Toca ayudar!**

En la vida, a veces somos las heroínas (que nadie te haga pensar que en tu propia historia eres la personaja secundaria, por el amor de Dios), pero otras, para nuestras amigas, por ejemplo, somos Robin, somos las compinches, somos su **apoyo**. E igual tienes a una amiga que aún no sabe lo heroína que es, que, aunque es maravillosa y hace lo que puede por ayudarte a ti y a las demás, no es capaz de ayudarse a sí misma.

Para eso estás **tú**.

Nos hemos entrenado no solo para ganar nosotras, sino para no dejar que nadie se rinda, nunca.

Somos el ejército de **guerreras** más grande del mundo. Somos ese personaje chetado de los videojuegos que siempre se carga a los malos de dos golpes y del que todo el mundo se queja porque «así no vale». Somos esa combinación de botones aleatoria de los juegos de peleas que hace que, sin saber cómo, revientes a tu primo que se ha pasado seis años aprendiéndose las reglas.

Somos **invencibles**, nena, y nos hacemos invencibles las unas a las otras.

De mí, a ti ahora, y de ti pasará a la siguiente. Y el amor que nos tenemos se comerá el mundo, te lo prometo.

Gracias por terminar el viaje conmigo.

AGRADECIMIENTOS

A mi madre, Tachi, y a mi padrino, Hono, porque aunque se fueron pronto tuvieron tiempo de inculcarme el amor por la literatura. Porque se leían todo lo que escribía de niña, a pesar de que no tuviese ningún sentido y fuese terriblemente difícil de entender. Porque estoy cumpliendo esa promesa que os hice de que escribiría un libro.

A mi padre, Jesús, por abrazarme cuando me quedé sola en el mundo. Por darme un hogar, enseñarme todo lo que sé y por no rendirse nunca a pesar de todos los baches que vinieron. A mi segunda madre, Lourdes, por enseñarme que los lazos biológicos no significan nada, que una figura maternal es aquella que te protege, te cuida y te da la mano contra viento y marea.

A mi editora, Cris, porque el destino nos ha hecho coincidir para crear este libro y no podría estar más encantada. Gracias por todas tus palabras de ánimo y por aportar tu mente maravillosa a esta creación. También a Sara, por hacer esto posible, por confiar en mí y por ser tan amable en todo momento.

A mis amigas Carmen y Marta. Por mostrarme lo que es el arte, llenar mi vida de luz, inspirarme en cada paso que doy y por convencerme en su momento de que este proyecto no me venía grande. Porque habéis sido mi mayor apoyo en esto. Me habéis ayudado durante años a respetarme a mí misma, a saber lo que valgo: me habéis enseñado lo que significa tener una amiga.

A Jorge, Isa, Julia, Borja, Rubén, Elena, Lala, Rafa, Érika, Jc, Marcos, Elsa, Ángel, Eva, Yanire, Lottie, Carlos, Nico, Héctor, Dani, Iván, Álvaro, Saya, Clara, Emma, Marina. Y a mil personas más que se me olvidará mencionar porque soy un poco cabeza hueca. Por darme tanto cariño, hacer de mi vida algo maravilloso, formarme como persona y confiar tanto en mí.

Y, por último, gracias a ti, lectora. Gracias por tomar la decisión de abrir este manual, por leerlo hasta el final. Gracias por confiar en mí y poner tu tiempo en mis manos. Espero haberte podido transmitir lo que quería, haberte podido ayudar en lo más mínimo a enfrentarte a tus monstruos (o a verlos con otros ojos).

Sé que podrás con todo lo que se te ponga por delante, sea con mis consejos o sin ellos. Así que mucho ánimo y mucha fuerza, queridísima superheroína.

ÍNDICE

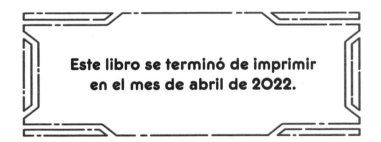

**Este libro se terminó de imprimir
en el mes de abril de 2022.**

1